THE EXPERIENCE SOCIETY
体验型社会

消费资本主义重启

Consumer   Capitalism   Rebooted

〔英〕斯蒂芬·迈尔斯 （Steven Miles） 著

王雅杰 译

中国科学技术出版社

·北 京·

The Experience Society: Consumer Capitalism Rebooted
Copyright © Steven Miles, 2021.
First published by Pluto Press, London. www.plutobooks.com
The simplified Chinese translation copyright by China Science and Technology Press Co., Ltd.
All rights reserved.
北京市版权局著作权合同登记　图字：01-2022-5351

图书在版编目（CIP）数据

体验型社会：消费资本主义重启 /（英）斯蒂芬·
迈尔斯著；王雅杰译 . — 北京：中国科学技术出版社，
2023.8
书名原文：The Experience Society: Consumer
Capitalism Rebooted
ISBN 978-7-5046-9940-4

Ⅰ . ①体… Ⅱ . ①斯… ②王… Ⅲ . ①消费文化—研
究 Ⅳ . ① C913.3

中国国家版本馆 CIP 数据核字（2023）第 032355 号

策划编辑	陆存月	责任编辑	申永刚
封面设计	今亮新声	版式设计	蚂蚁设计
责任校对	吕传新	责任印制	李晓霖

出　　版	中国科学技术出版社
发　　行	中国科学技术出版社有限公司发行部
地　　址	北京市海淀区中关村南大街 16 号
邮　　编	100081
发行电话	010-62173865
传　　真	010-62173081
网　　址	http://www.cspbooks.com.cn

开　　本	880mm×1230mm　1/32
字　　数	165 千字
印　　张	9
版　　次	2023 年 8 月第 1 版
印　　次	2023 年 8 月第 1 次印刷
印　　刷	大厂回族自治县彩虹印刷有限公司
书　　号	ISBN 978-7-5046-9940-4/C·222
定　　价	69.00 元

《体验型社会：消费资本主义重启》于新冠疫情在全球暴发并流行时写成。普遍看来，新冠疫情的后果在于一切不再如同以往，尤其是消费方式。评论员们开始反思新冠疫情对零售业造成的广泛破坏，并思索在逐渐接受可能成为"新常态"的任何事物时，我们与消费的关系大概会发生怎样的变化。2020年9月，有一些证据已经显示出经济复苏以及消费者回归旧习惯的迹象，但凌驾于这之上的猜想是，消费确实已经到了重要转折点。

在体验型社会中，新冠疫情会重塑成为消费者的意义吗？本书的大部分内容建立在似乎更易控制和理解的世界中，在这里，消费对日常生活的影响或许变得更容易预测。然而，在新冠疫情的影响下，本书试图把握的一些趋势很可能会被进一步强化。在本书描述的世界中，消费和自我之间的关系不断增强，并且消费资本主义通过体验定义的人类形象实际上已经变得极为相似。在这个世界中，消费自由并不具有解放性。相反，我们遵循的社会和文化规范被消费资本主义决定，而这一切正以前所未有的复杂方式变得难以撼动。

当然，新冠疫情对经济和文化的影响无处不在。现在必须重新思考我们的日常工作，以及参与休闲活动的方式。我在书中提到的一些深度体验型服务行业似乎已经被新冠疫情摧毁。2019 年至 2020 年，伦敦的购物者数量下降了一半左右，这在一定程度上证明了旅游业和酒店业的衰退。消费者似乎逐渐适应了居家工作和经济困境，而我们的城市中心成了昔日的幽灵游荡的地方。新冠疫情之前，英国主要零售商约翰·路易斯①（John Lewis）40% 的业务是线上的。到 2020 年 9 月，这一比例已升至 60% 以上。在 2020 年 4 月，英国购买热饮的支出下降了近 90%，同时在 2020 年 9 月，百特文治②（Pret A Manger）削减了 3000 个工作岗位，并且关闭了 30 家门店。我们的消费方式，或者至少是我们的购物方式，似乎在极短的时间内发生了改变，而亚马逊等线上供应商已经极好地利用了这一点。与此同时，我们的工作方式似乎已经向前推进了十年：居家工作一夜之间已成常态，上班族不太可能重新回到闹市区的办公桌前。

---

① 约翰·路易斯，英国高端百货公司。——译者注
② 一家国际三明治特许经营连锁店。——译者注

当然，很多人都在谈论新冠疫情如何破坏了戏剧、电影、博物馆和体育赛事等重要的体验型消费领域。至少在可预见的未来，由于害怕社会邻近性可能带来的后果，任何需要亲身体验的休闲活动都会变得乏味。一些人推测，从中长期来看，对亲身体验的渴望可能会导致沉浸式技术的日益普及。但可以肯定的是，在社会互动受到如此严格的监管下，心理健康和幸福感的问题会越来越受到关注。简言之，我的论点或者我的担忧是，新冠疫情将推动现在的社会向体验型社会转变，从而加快提升消费资本主义利用这一转变达到自身目的的能力。新冠疫情越是使我们隔绝于世，就越让我们渴求由体验带来的自我感。

这一切都反映出一种事态，它影响了我们对于消费资本主义如何塑造行为的理解，与此同时也使我们更容易受到这一过程的影响。体验型社会让个人感到自己有义务找到并展示自己的归属感，这却使自我成了形成归属感的中介。吉娅·托伦蒂诺（Jia Tolentino，2019）在《魔镜：自欺欺人的反思》（*Trick Mirror: Reflection on Self-Delusion*）中便从这个角度谈到了优化的过程。我们将消费作为优化个人表现的手段，同时确保我们的外在能够凸显这一点，从而达到最大化的效果。这里的关键是新冠疫情的影响并没有缓和体验型消费对我们的影响。也可以说这意味着，消费本身只会对那些负担得起成熟消费生活方式的人产生影响。事实上，这里可能有一种正好相反的说法：由于这个社会将消费视为彰显地位的重要因素，所以在评价自己以及融入社会的能力时，我们可以用于消费的钱财越少，消费就显得越重要。

正因如此，新冠疫情实际上并没有改变任何东西，至少在意识形态层面上毫无改变。它所做的是强化我们在封锁前已经意识到的消费主导的事态。从这个意义上说，新常态看起来与旧常态极其相似。在理想情况下，我们可能会认为，这是消费社会走向终结的开始：如果说新冠疫情带来了什么好处的话，那就是它使我们认识到改变的必要性，而未经商品化的共同体验可能是改变的方向。

新冠疫情创造了历史性的时刻，在这一时刻，由于全球封锁和社会疏远带来的影响，我们是谁以及我们如何看待自己，变得越来越内在和直接。尽管我在这里显得过于悲观，但是这种被放大的感觉实际上仍有可能促成美丽新世界的出现，只是在现实中这一可能性仍显得很遥远。人类必须感到自己归属于某个事物，并感到自己能够把握这种归属的意义，而消费资本主义将继续贪婪地利用人类这种与生俱来的需求。新冠疫情可以确保这种需求被放大到某种程度，正因如此，相比于以往无忧无虑的世界，体验型社会今后对我们的影响将越来越大。

目录

第一章

体验型社会

体验是消费社会意识形态的新领域。我们生活的世界越来越不关注产品的"用尽"和"浪费",反而越来越关注当下体验的最大化,关注植根于人类想象中的短暂体验。长期以来,消费资本主义的成功取决于其自我改造的能力。这至少在某种程度上可以说是从需求消费向欲望消费的转变。在本书中,我将指出,这个过程已经转变为体验型消费。这本身并不是一个启示,许多评论员都思考过体验在所谓的"体验型经济"再生产中的作用(Sundbo & Sørensen, 2013)。然而,这种讨论往往忽视了这个过程的意识形态维度,忽视了它告诉我们作为一个消费社会公民的真正意义。本书致力于更深刻地对资本主义进行重新定义,并由此重新阐述意识形态过程。在这个过程中,作为消费社会的公民,我们的消费内容和消费方式积极地定义了我们是谁、我们是什么。体验型社会让我们感到自己似乎归属于世界，然而在这个世界里，这种归属感实际上很难获得。与此同时，它让我们完全失去了这种归属感。因此，在本书中，我将论证，面对体验型消费形式的加速演进，非常需要从根本上对消费的社会科学意义进行彻底反思。

重新定义意识形态

长期以来，支撑消费资本主义的意识形态基础，以及它在塑造政治想象中所起的作用一直是令人着迷的问题。在新自由主义的背景下，可以说市场和私有财产的价值已经变得确切无疑，并且民主已经被有效地重塑为消费能力。这代表着自由从政治转向经济，由市场决定谁赢谁输（Brown，2015）。新自由主义理性的全能性不可避免地产生了一个不平等的社会和一种公民身份形式，这种公民身份首先由公民的消费能力决定，因为消费决定了"美好生活"。这里有一个讽刺。正如布朗所说，新自由主义越是将人类重构为人力资本，就越是质疑个人作为自己未来主宰者的重要性；个人越是把消费作为寻求自我的手段，就越容易迷失。

在这里，我想提出一个论点，即消费本质上是一种心

理 – 社会现象，这就是它的力量所在。我的意思是，消费的影响本质上并不是纯社会学或纯心理学的，而是它们之间的复杂互动。这是文献中透露的一种立场（参见 Gabriel & Lang，2016），但很少被贯彻或充分探讨。这种消费表明了无论消费者的消费能力（或财力）如何，个人都能成为自己所处社会的一员（参见 Bauman，1998）。换个有点儿过时的说法就是，这一过程反过来调节了结构和能动性之间的关系。消费社会强迫消费者以特定的方式行事，它将个体与其所处的社会联系在一起，同时让个体相信，消费领域不仅是一种"自然"状态，而且能为它们提供社会生活其他方面完全无法提供的归属感和自由。

正是基于上述观点，乌西塔洛（Uusitalo，1998）认为，消费显示了确立差异的普遍需求与确立牢固认同关系的并行需求的结合。考虑到在乌西塔洛写作时，人们热衷讨论后现代身份的碎片化本质，因而这里重要的是要认识到现实在根本上是被调节的。这继而透露了鲍德里亚[①]（Baudrillard，1991）对超现实的看法，以及社会互动充其量只是一种准自然的感觉（另见 Thompson，1990）。在这一背景下，鲍德里

[①] 鲍德里亚（1929—2007 年），法国哲学家，从 1968 年出版《物体系》开始，撰写了一系列分析当代社会文化现象、批判当代资本主义的著作。——译者注

亚的著作具有先见之明，他识别出由消费逻辑主导的社会的兴起：在一个仿真和拟像的时代中，没有任何东西是真实的或可靠的。正如斯特宾斯（Stebbins，2009）所认识到的，在鲍德里亚的世界里，我们的消费方式变得比生产方式更重要，因为社会准备生产商品以满足"需求的意识形态根源"（Baudrillard，1991）。因此，鲍德里亚讨论了象征性文化的胜利，在这种文化中，以前已经确定的事物现在则是自由飘忽和尚待确定的：它是对媒体形象嘲讽般模仿的产物（另见Featherstone，1991）。至少对于鲍德里亚来说，最关键的一点或许正是广告和营销推动了消费社会的发展，尤其是通过不懈地宣传消费使人获得幸福和满足的观念。重点是这种幸福与内心"深处"的愉悦无关，而是通过共识性符号和消费的展示，获得可受瞩目的享乐。因此，这是一种由市场设计的"强制幸福"，以确保消费者不断想起自己的需求，以及如何通过消费满足这些需求。

我谈及的转变是指自我被商品化了。但在某种程度上，这比过去要剧烈得多。我将在第二章重点讨论这个问题，而我的观点是，为了获得上述幸福感，无论它多么片面，强烈的主观主义与随之而来的客观主义都要结合在一起（Illouz，2007）。这相当于在自我内部达成共识，但只能借助消费资本主义提供的预定路线。在很大意义上，可以说过去大约20

年时间中，尤其是在数字媒体和社交媒体出现后，这一过程及其激发的感觉被不断强化。我在这里指出的是一种张力，即至少在表面上要求个人归属社会与强化自我个性之间的紧张关系。重点在于，这不仅是一种由技术驱动的新经济秩序的产物——这种新经济秩序以前所未有的新方式使消费延续下去——而且是更深层次的意识形态演变过程的产物（参见Jameson，1991）。

重要的是要记住，消费不仅关乎选择的自由，而且关乎碎片化身份的表达。如乌西塔洛（1998）所指出的，在一个劳动（甚至是阶级）的整合能力明显减弱的世界中，消费在社会建构中发挥着越来越关键的作用。这种趋势是一个更广泛进程的一部分，在这个进程中，资本主义的成功完全取决于其自我改造的能力。现代性就是对进步的渴望，体现了人类以自己的名义创造新世界的能力：一个能服务共同利益的工具性世界。但是现代性失败了，这一雄心壮志从未实现。相反，一个支离破碎的、高度分化的世界不可避免地出现了。在这个世界上，归属感开始取决于消费能力（参见Bauman，1998），以及资本主义通过重塑人们的消费方式而重新启动的能力。

乌西塔洛（1998）指出，在后工业社会中，生产和消费正在互相融合。因此，生产与营销变得难以区分。消费者也以类似的方式变得无法与他们的体验区分开。消费本质的变化是无法控制的。对于我们如何体验社会以及社会（至少在象征意义上）如何体验我们，这有着根本性的影响。但令人担忧的是，这个由社会创造的新式纽带必然是不完整的。在体验型社会中，消费内容和消费方式可能会将我们联系起来，但这种联系只是短暂的。而且在联系起来的那一刻，我们首先与定义我们的经济体系捆绑在了一起。我认为，这一过程是当前社会变迁的核心。

可以说，体验的放大反映了消费者与消费的关系从自我生产过程出发，而不是从自我区分过程出发，开始了长期转变（Uusitalo，1998）。马克思（1989：94）很久以前就指出了这一点，他不仅把消费视为分配和交换，还把消费视为自我修整的方式："个人生产出商品，并通过消费该商品使自我得到修整，从而再次成为一个有生产力、有自我再生产能力的个体。"对于马克思来说，商品拜物教和异化劳动的结合构成了资本主义的意识形态。工人阶级不愿意进行革命，因为他们在"一系列错误观念"中陷得更深了。因此，希思和波特（Heath & Potter，2005：23）描述了这样一种情况：工人阶级开始专注于更多收益而不是革命，这样做的结果就是"重新装饰了囚禁他们的牢笼"。希思和波特（2005）认为，正是在这种背景下，马克思主义需要开始反思意识形态的概念，尤其应当借助葛兰西[①]（Gramsci，2005）的著作。葛兰西认为，资本主义通过彻底的文化霸权肆意制造了一种虚假观念、一个文化产品的世界。只要它们存在，就只会反映和加强资产阶级意识形态。希思和波特（2005）在这里对马克思主义方法的批判很有趣，因为它突出了围绕消费在社会变迁中的作用而存在的一些紧张关系。如果资本主义的问题在于它剥削了工人阶级，并在这个过程中造成了贫困和痛苦，那么文化和大众的消费形式为什么不在这方面提供一条出路呢？

> 只有在资本主义制度未能为工人提供商品时，他们才有理由推翻这一制度。因此，对消费主义的批评似乎是在批评资本主义让工人"太"满意了。他们已经吃饱了，再也懒得出去推翻体制了。但这引发了一个问题：他们为什么要这么做？（Heath & Potter，2005：33）

这个观点有些道理，但或许它忽略了消费的心理 – 社会维度。在阿多诺[②]（Adorno，1991a）的著作中，他认为交换价

---

① 葛兰西（1891—1937 年），20 世纪著名马克思主义理论家。——译者注
② 阿多诺（1903—1969 年），德国哲学家，法兰克福学派第一代的主要代表人物。——译者注

值基本上已经取代了使用价值。工人阶级实际上渴望消费所依赖的欺骗，尽管他们能一眼看穿这些欺骗。正是因为感到自己没有被欺骗，我们才会消费；或是尽管受到了欺骗，我们还是渴望它（Cremin，2011）。随着时间的推移，我们试图通过消费定义自己的方式发生了变化。因此，本书关注的是这种方式如何强化了消费资本主义的意识形态影响力。事实上，正如萨利克（Salecl，2011）所指出的，在一个需要不断自我完善（self-improvement）的世界里，在一个选择的正统性基本上尚未被提及且不真实，但又被假定的世界里，我们成了自我认知方式的受害者。或许遗憾的是，我们认为自己是命运的主人，我们觉得自己可以"选择"。

　　在当今社会中，人们崇尚选择并认为选择总是符合个人利益的，问题不仅在于可供选择的范围，而且在于选择的表现方式。生活选择被描述得类似消费选择：我们开始寻找合适的生活方式，就像寻找合适的墙纸或护发素一样……问题是，从经济学领域借用过来的理性选择概念，已经被美化为唯一的选择。（Salecl，2011：8）

这种选择感不仅与商品或服务有关，还与我们选择自我的能力有关。作为消费社会的公民，我们生活在一个需要不断选择的漩涡中，无论是在教育、健康、住房还是其他领域。但是，选择的能力被转化为自给自足之人的意识形态。因此，我们说服自己，生活涉及一系列的选择和可能的转变，尽管我们所处的社会立法反对这一点。汉基斯（Hankiss，2006）试图阐述社会变迁对自我的影响，他认为，消费时代的融合型文明构成了一个悖论式的时代。在这里，我们正经历人类人格的神化及湮灭：

> 这是一个自我时代，也是一个没有自我的时代。从某个角度看，这是一个自我实现（self-actualization）大获成功的时代，一个激进个人主义的时代，一个人类成为崇拜对象和价值观终极来源的时代。然而，从相反的角度看，我们目睹了自我的毁灭。（Hankiss，2006：197-198）

汉基斯关注的问题是，在社会快速变化的时代中，当个人被不确定性和自责感迷惑时，个人身上背负的自我导向（self-direction）的责任将被强化，从而冲淡了他们在这个过程中可能"体验"到的任何自由感。在一个（显而易见）越来越不虔诚的世界里，目的和意义的传统正在迅速衰落，个人成为个人意义的终极（也许是唯一的）主宰者。在我们看

来，这意味着时间价值的增加，因此我们对世界的体验一直处于紧张的珍贵时刻。事实上，

> 数亿人……正在寻找生命和当下意义的终极来源。消费文明不间断地为他们提供无数紧张而重要的时刻（或者至少是他们在经历重要时刻的错觉）……在这里，消费文明为人们提供了一些帮助。它让人们感受到瞬间的美、永恒的宁静，并使人们心中产生一种错觉，即瞬间和永恒，二者在美丽的和谐中结合在一起。（Hankiss，2006：214）

汉基斯甚至把这个时代描述为体验的时代，一个没有超越性的世界。在这里，一切都需要被充分体验：如果人们对存在主义的恐惧和焦虑要得到缓解，或者如果他们要克服对新兴文明日益扩张的恐惧，就必须这样做。人类的想象力就是在这里介入的。通过对不切实际的"美好生活"的关注，消费所需的货币变得至关重要，因而生活是由我们所必需的财力定义的，以确保我们属于"美好生活"（参见 Tuan，1998）。因此，消费能让我们逃入更美好的世界。从某种意义上说，现在的人们能如此轻易地陷入商品化体验的世界，是长期的历史过程带来的后果。在这个过程中，自我与世界

越来越分离,尽管在感觉上截然相反。我们是独立的,甚至是如此孤立的,因而不得不定义自己的世界。无论文化资本如何诱使我们否认这一点,正是上述悖论使消费在我们所处的世界中扮演着如此重要的角色。因此,萨克(Sack,1992)认为,辉煌的消费领域似乎为我们提供了一个"没有约束、没有责任"的世界,一个让人迷失方向的世界。在这里,我们行为的后果变得模糊了,因为我们看重的是没有后台支撑的台前精彩。体验型世界既是一种逃避,也是一种支撑自我的方式——用萨克(1992)的话来说——这是使其道德合法化的方式,能让它有发言权并且维持稳定,但是从一开始就是它把这种稳定从我们手中夺走的。体验型消费既给予,也掠夺。

什么是体验型消费?

那么,什么是体验型消费?在消费者与所处社会的关系中,体验型消费为何变得如此重要?在文化和消费研究中有对产品进行批判性研究的惯例,但是这类研究不一定能提供关于消费品、消费和社会变迁之间关系的深刻见解(参见 Du Gay et al., 1996; Miller & Woodward, 2012)。显而易见的是,在消费这类产品的过程中，尤其是在消费它们的方式中，确实有一种或多种体验可以将我们与周围的世界联系起来。例如，在当下，苹果手机的功能和质量属性，并不是我们购买它的唯一理由。购买它的部分原因在于拥有苹果手机显示了我们作为消费者的洞察力，更重要的是，这意味着我们与其他使用苹果手机的人一样，同属于一个群体。苹果手机的影响力起码部分依赖它的象征意义：苹果手机展现了其所有者的特质。这为我们提供了一种资本形式，它逐一抚平了我们的社会关系中由于"选择"消费"劣质"品牌而出现的不规则边缘。长期以来，这些产品在各个更新版本中所体现的附加值，一直是消费资本主义自我改造的核心。

实际上，没有人需要数千种车型的选择，或者如米勒和伍德沃德（Miller & Woodward，2012）所指出的，市场向消费者提供的牛仔裤款式几乎不计其数。然而，这种形式的商品交换是有限的，因为起码消费者对产品的需求是有限的。有些人可能收集了 200 双运动鞋，但是他们不太可能持有 200 部苹果手机，这意味着这一过程相当原始且充分借鉴历史。然而数字消费领域的出现，使消费方式越来越去地域化（deterritorialised），越来越不由消费的实体空间决定。可以说，这为截然不同的消费类型开辟了空间。在这里，体验在消费原因和消费方式中处于更核心的地位。爱彼迎

（Airbnb）、游戏、密室逃生、英超联赛、精酿啤酒、互动喜剧和音乐、高级餐厅、主题餐厅、主题公园、亚马逊、亿贝（eBay）、全包旅游、大型游轮、礼盒套装、奈飞（Netflix），这些都是体验型消费的例子。人们通过消费有效增加了自身价值，并且能通过叙事给产品带来生命，让它充满活力，而这也将增强产品对生活的影响力。让我再举个例子。在写这篇文章的时候，只需要 162 英镑，你就可以买一张去"妈妈咪呀！派对"（Mamma Mia! The Party）的票："由阿巴乐队（ABBA）的比约恩·奥瓦尔斯（Björn Ulvaeus）举办，妈妈咪呀！派对是全新而独特的娱乐体验，让你置身表演的中心。在全程五个多小时的时间里，你将欣赏一场精彩的表演，享受三道美味的地中海食物，聆听阿巴乐队的迪斯科音乐，度过一个难忘的夜晚"（Mamma Mia!，2019）。这种活动展现了一些体验型社会的关键维度。这种活动明显是关于自我馈赠的。在这个例子中，消费者不仅是观众，还是主动的参与者，他们通过音乐主导的怀旧氛围进入逃避现实的世界。这是由体验批量生产的。但这不仅仅是逃避，它本质上是一个验证自我幻象的过程。

体验作为消费方式的本质特征出现并非偶然，这至少在一定程度上是经济战略的产物。事实上，对于派因和吉尔摩（Pine & Gilmore，1999）来说，未来经济情况取决于对纪念性事件进行的有效的前期铺垫。在他们看来，如果消费者能主动沉浸在活动中，那么体验必将是难忘而强烈的。销售的并不是产品或服务，而是与该产品或服务相关的体验（Klingmann，2007）。例如，在第八章，我重点介绍了咖啡馆体验。它远不是简单地饮用一杯饮料，而是将单一商品（咖啡）转变为综合性的环境（咖啡馆），从而使整体价值超过了部分价值的简单相加。在体验型社会中，一切都有可能作为一种体验从而被更好地呈现和认可，不仅包括媒体和商业消费的体验，还包括文化和教育的体验。例如，参观博物馆就是生产和消费共生的过程。就它们"展示而非告知，使其愉快而非指导"（Klingmann，2007：42）而言，这种模式已经成熟到可以进行认知解释。

但这里有更重要的东西。"体验"一词意味着某种程度的能动性，但是事实上，体验高度依赖工业化生产（O'Sullivan & Spangler，1999）。此处存在的张力涉及体验在多大程度上被编排或制造，以及消费者自己定义体验的能力。奥沙利文和斯潘格勒（O'Sullivan & Spangler，1999：4）很好地阐述了体验型消费的一些心理因素，甚至认为体验满足了"社会的心理需求"，但他们的论述意味着这些因素首先是被批量制造出来的：营销人员实际上拥有引导消费者的影响力，从而使消费者能从消费体验中获得心理效益。在本书中，我想提出一个略有不同的观点：新消费领域的发展与体验的生产无关，而与体验如何促使人们感觉自己能更好地控制身体、精神或情感时刻有关。一方面，这些时刻似乎让我们获得自由；另一方面，这些时刻却将我们与消费资本主义的意识形态联系起来，并且这一联系比以往任何时候都更具约束力。正是通过这一手段，消费资本主义有效地重新启动了。我们赖以生存的消费资本主义是以自我为中心的消费资本主义，但是以自我为中心不过是一种表象，只是为了再次肯定将选择等同于自由的社会和经济制度。

私人体验、公共自我

值得注意的是，我并不是说新消费模式必然会使消费者主动参与消费体验，而是说它普及了事实就该如此的感觉。简言之，体验的时代（尤其是在自由感的推动下，消费者现在可以通过数字方式进行体验）通过体验带来的自我表达的幻象，使消费资本主义意识形态复苏具有了可能性。在这种情况下，消费者表现得越积极主动，就越有可能使自己陷入被动。因此，由派因和吉尔摩（1999）等作者提倡的主动消费形式并不具有说服力。

如上所述，体验型社会的概念并不完全是独创的。事实上，早在 1995 年，德国社会学家格哈德·舒尔策（Gerhard Schulze）就在书中论证了这种社会的存在。对于舒尔策而言，体验型社会是指消费的根本转变，它从解决外部问题的手段（例如，购买一辆房车用作休闲类交通工具），转变为满足个人对自身看法的手段（购买一辆大房车以实现旅行和休闲的自我概念）。这种转变带来了某种集中的特征。通过改变与消费的关系，消费者不再考虑长远计划——他们活在当下，充分利用每时每刻。实际上，生活变成了一个体验型项目。从这个角度来看，怎样生活不再重要，重要的是为了自身最大利益而策划生活。体验被制造，而非被接纳。有趣的是，在舒尔策的分析中有一定程度的工具主义。消费者心中有一个内部目标。他们积极地利用体验实现主观目的。主体对情境进行"消化"，以便将其转化为极为独特的（由主观决定的）体验。具有讽刺意味的是，在参与这种体验时，个人支撑了一个同质化体验的社会。消费者感觉自己得到了解放，一切都在掌控之中，但这种控制感有更重要的使命。

当然，许多作者都论述了我们所处的社会如何变得越来越原子化和异化，以及在这种情形下，消费领域为我们提供了意义的来源、欣喜若狂的感觉。例如，对于思里夫特

（Thrift，2006：85）而言，商品化就是打造和营销最能满足这些需求的产品。从这个角度来看，体验和活动（尤其是大型活动，见第三章）的目的是让参与者相信他们正在"做一些令人惊叹的事情（所以他们在未来几年还会再来），但实际上他们所做的事情是原始体验的超真实、虚假的、弱化的版本，这是因为大型活动由娱乐行业——文化产业的关键部分——控制"。当代消费资本主义让我们相信自己的独特性，并由此将我们与社会制度联系在一起。这只是其中一个例子（本书将讨论许多其他例子）。作为消费社会公民，我们无疑是开创体验型社会的同谋。

这里描述了这样一个过程：随着时间推移，新型个人主义出现了。为了持续扩大影响力，资本主义专注于身份需求并探索其含义，从而催生了新型个人主义（Lodziak，1995）。近期，柯蒂斯（Curtis，2013）等作者认为，新自由主义市场已成为一种无可争议的常识，或一种存在方式，一种"白痴主义"。对于柯蒂斯而言，白痴主义就是生活的个人化（privatisation），这一过程导致人类被分化为无情的自私自利的个体。这相当于"捕获灵魂"，它使任何具有创造性或想象力的事物都以创造最大经济利益为出发点（Berardi，2009）。贝拉尔迪（Berardi）描述了文化个性化（personalisation）的世界，它是公共性的新版本，以"思想共享"为终极目标。从这个角度来看，正如名人文化和社交媒体展现的那样，我们所处的文化在侵犯隐私的同时也在保护隐私。因此，我们看着自己成了表演和展示的产物，甚至由此挖掘出了"灵魂"（Curtis，2013）。

理论根基

在本节中，我想后退几步，以考察在关于消费运作的意识形态背景的论述中两个重要的成就。具体地说，我想通过这两种取向重新解读舒尔策（1995）的著作中提到的满足的问题。这里重要的是法兰克福学派的著作，特别是霍克海默①（Horkheimer）和阿多诺的著作，以及德波②（Debord，1995）的著作及其对景观社会的讨论。霍克海默和阿多诺通常将消费者视为被动的实体——市场力量的映照迫使他们以特定的方式行事（参见 Ransome，2005）。或许他们立场的精髓是认识到资本主义不仅通过经济领域，而且通过文化领

---

① 霍克海默（1895—1973 年），德国社会哲学教授，法兰克福学派的创始人。——译者注
② 德波（1931—1994 年），法国思想家、导演，情境主义代表人物，20 世纪最重要的知识分子革命者之一。——译者注

域占据了主导地位。因此，温顺的消费主义加固了现状，加强了大众的无力感。问题就在这里：消费主义吸引消费者的显见好处越多，消费资本主义的意识形态力量就越能自由地维护其权威（随着本书的深入探讨，我将在体验的语境中继续讨论这一点）。对于霍克海默和阿多诺（1972）而言，在资本主义权威的发展中，关键转变在于它能够消除消费者的认同感。因此，消费及其宣称必然包含的自由是去政治化的（depolitcising），同时却为消费的肤浅好处付出了巨大代价：精神自由的丧失（另见 Marcuse，2002）。"文化工业"（culture industry）一词反映了霍克海默和阿多诺的担忧，即大众文化不是大众自发生产的，而是以精心策划的方式强加给他们的，以至于"消费者不是文化工业宣称的国王，不是文化工业的主体，而是客体"（Adorno，1989：129）。消费对我们的束缚建立在由它激发的对满足的渴望之上，建立在这种满足感永远无法兑现的事实之上：

文化工业不断欺骗消费者，让他们无法获得它一直承诺的东西。这份承诺，连同它的情节和舞台，都利用了快乐，都在无止境地被延期。这份承诺——实际上由景观组成——是虚幻的：它证实了永远无法企及真正的意义，证实了用餐者必须对菜单感到满意。（Horkheimer &

Adorno，1972：139）

消费实际上是标准化的，因此，它更广泛地反映了生产的经济合理性（参见 Lodziak，2002）。消费是公式化的，它自觉地诉诸共同点。因此，产品的目的不是使消费者满意，而是防止观众感到无聊。观众们享受着流行音乐、广播、电影或电视，这确实让他们感到满意。重复令人感到安心又欣慰。在这方面，消费是一种宣传形式。它能够有效维持现状，同时转移了大众对共同目标的注意力（Lodziak，2002）。

上文论述似乎表明霍克海默和阿多诺有意将消费者贬低为愚蠢的傻瓜，但是能否得出这一结论仍有待商榷。然而爱德华兹（Edwards，2000）甚至认为，他们对消费者的傲慢看法是"近乎末日般的"对人类主体的杀戮，或至少是伤害。因此，洛兹亚克（Lodziak，2002）质疑了认为消费是由广告和媒体产生的取向。而法兰克福学派的观点实际上更接近于将消费理解为劳动异化的产物，以及它对组织和就业体验的影响。换句话说，这里的问题不在于由媒体推动的大规模生产，而在于这本身就是由切断了生产者与产品的联系所导致的。因此，我们必须消费商品以满足人类的基本需求。安德列·高兹①（André Gorz，1967）的著作中阐述了同样的观点，资本主义制度能塑造我们满足自身需求的方式，也正是这一点使劳动者变得无能为力。

但就本书而言，更重要的是要考察，消费作为体验的重塑扩充了消费者必须感到满意的（上文霍克海默和阿多诺提到的）菜单的范围。对于霍克海默和阿多诺而言，娱乐无法提供真正的逃避——因为这种逃避只是在逃避这种反抗能成功的想法（Horkheimer & Adorno，1972；另见 Wilson，2007）。与韦伯（Weber，2002）的著作相呼应的是，即使是自我保全也会变成自我毁灭。再回到更广义的看法上，阿多诺（和霍克海默）如此有效地考察了大众文化的精神分析学及其在维持孤立而原子化的个体上所起的作用（参见 Dunn，2008），最终发现个人是一系列社会关系的结果，而不是社会关系所产生的消费景象的主动参与者。我们似乎已经进入的体验型世界，强化了两者间的关系，并借此进一步增加了遵从意识形态的可能性。

这种遵从感只有在特定社会背景下才能得到充分理解，此时社会已经日益适应自身蕴含的巨大经济和文化可能性。

---

① 安德列·高兹（1924—2007 年），法国左翼思想家，《新观察家》周刊的创始人。——译者注

因此，为了理解体验型社会的出现，德波（Debord，1995）的著作应当与法兰克福学派的著作相互对照。事实上，两种取向有相似之处，它们都试图提出一种批判理论，都将文化置于消费资本主义意识形态讨论的核心（Jappe，1999）。德波（1995）在介绍其开创性作品《景观社会》（*The Society of the Spectacle*）时指出，世界已经演变成了"海量图像"，并且它实际上成了从原始体验中分离出来的一系列商业化碎片（参见 Rockwell，2006）。

对德波来说，这种景观是资本主义制度的核心，也因而是消费主义作为一种生活方式存在的重要支撑（Miles，1998）。景观是资本积累过程的产物：我们所处的世界就是商品的世界。要理解景观社会，可以从堕落文化、名人崛起和官僚社会的基本状况入手。有鉴于虚假冲突的产生，景观社会还可以被理解为商品形式持续改造的一部分，以及对个人自主性的否定（Hetherington，2007：39）。简言之，景象生产与景象消费之间的转变已经重塑了文化和经济的关系。因此，文化其实丧失了自主权，成了某种经济体系的附属品。在这种经济体系中，大规模生产和大规模营销越来越重要。正如德波（1995：117）所说："在现代生产条件发达的社会中，整个社会的生活都表现为海量景观的叠加。所有曾经真实存在的东西都变成了纯粹的表象。"这都是"客体化力量"带来的结果，在这种力量下，人与人之间的社会关系首先被景象调节。最重要的可能是德波的观点，即这场景观只是商品生产发展过程的一个瞬间（Jappe，1999）。换言之，与其说是景观的生产一直支配着商品的生产，不如说在德波描述的历史中景观发挥了关键作用。

克里尔和斯沃特（Krier & Swart，2016；另见第三章）运用德波的景观理论讨论了后现代生活的景观本质，这也是此类讨论中最有见地的一个。他们认为后现代经济侵蚀了社会纽带，并用虚假的"社会团结的商品化机制"（2016：3）取代了它。因此，我们所处的社会越来越缺乏社会互动，而集体的内在被动性越发常见（参见 Žižek，2006）。在介绍他们的分析时，克里尔和斯沃特（2016）讨论了德波观点的当代意义并指出，景观社会是一个幻觉社会：人们消费得越多，彼此之间的联系就越弱，以至于狂欢的终极后果是，人们在社会和心理层面上的孤立永远寄居在残缺社会的幻象中。这种隔绝正是本书的核心。由此提出的论点是，一个消费和自我探索机会明显增多的世界，不仅具有强大的意识形态影响力，而且它所提供的体验只能部分满足它的"创造者"的需求。如此一来，异化消费者的可能性越来越大。因此，体验与享受无关，而是与体验型世界引发焦虑的义务有关，与实现被粗略定义为幸福的终极目标有关。这里的问题是，玩乐和幸福本身就作为剩余价值被占用。要获得它们，只能工作，再将它们作为商品消费（Cremin，2011）。正因如此，体验型社会自发地将快乐从消费者的意义中挤出来，并在这个过程中强化了消费者的精神生活方式。对于克里尔和斯沃特来说，这意味着生活充满令人羡慕的被动性、无休止的希望，以及越来越少的成就感。也许有争议的是，霍克海默和阿多诺（1972）等作者所描述的世界似乎比以往任何时候都更接近现实。对于马克思来说，商品交换的拜物教本质取决于对消费者维持使用价值的表象。对于阿多诺来说，大众文化侵蚀了这种必要性，"交换价值原则对人类的使用价值的破坏程度越深，交换价值伪装成享受的对象的程度就越深"（Adorno，1991b：39）。体验型社会愈发强化了这一过程，这并不是因为它更统一或更规范，而是因为消费者更容易受到体验的心理－社会影响，因为体验展现了更具个性化的形象。

结 语

正是体验型社会的心理－社会维度，使得对消费的意识形态影响力进行批判性评估变得如此重要。然而，到目前为止，有关体验的社会学分析还很罕见。近期为数不多的研究之一来自斯科特·莱什（Scott Lash），该研究旨在论述主观体验的扎根性和嵌入性。莱什（2018）的研究以抽象性闻名，因而有时会感到他在描述一个与现实相去甚远的世界，难以真实把握促进资本主义再生产的日常权力维度。然而，莱什的分析中有一些要素值得思考。他将体验描述为"我们作为特定个体遇到事物的方式"（2018：2），并指出，如果当前资本主义有一种主导意识形态，那就是人类是效用最大化的动物。这一现象无处不在，甚至成了惯例。正如莱什所说，我们是自利的、有谋划的、精于算计的存在。但也可以说，在这种情况下，我们每个人都在努力获得上面提到的美好生活。对于生活，我们有一些共同的追求。它们可能包括：获得资格证书、找到好工作、结婚、生孩子、买房安家、有一份成功且报酬丰厚的工作、退休（理想情况是去法国南部养老）。当然，还要为家人留下经济遗产。这实际上就是美好生活。而我们成功获得美好生活的手段是消费，正如莱什所说，消费之所以重要是因为它让我们通过互认识别出差异，并以此确认每个人的归属感。因此，体验的重要性也在于此。体验事物的方式决定了我们的归属感，并使其有了生命。然而，归属感的本质非常复杂。重要的是要记住，这不是单行道。消费领域不只是控制。

我们生活在越发同质化的世界中，其特征之一是在日常生活中我们仍保留了某种使用价值。从这个意义上说，我们的归属不可避免地会被"上演"（Willis，1991）。威利斯（Willis）以参观历史主题公园（参见第三章）为例，表明了那里的观众其实成了舞台演员的一员。正是通过这样的策略，生产场所成了一种商品，而且这种商品往往能让个体被理解。这样的表演不仅为消费者提供了体验式自我探索的环境，而且也否定了作品，甚至使支撑作品的距离感失效了（Willis，1991）。正如威利斯所说，所有东西都是包装好的，但这种包装掩盖了表面下的事物，加剧了消费主义弊病的潜在性，最终似乎成了要在同质化、无个性的时代中获得关注的决心，"极端的个人主义催生了这样一个世界，在这里，没有人是丑陋或病态的；没有人需要改变不健康的生活方式；你所要做的就是找到合适的叙事角度，找到你眼中合适的自我形象"（Niedzviecki，2006：23）。

我们生活在一个忙于寻找归属感的世界中。我们从宗教、社群乃至家庭的传统信仰中解放出来，只是想让别人注意到我们对自我的感知。我们生活在一个永无止境的重塑的世界中：总是与"完美"自我的重塑相差一次体验（Niedzviecki，2006）。因此，消费不单涉及购买和展示，它的意义无疑在于"具体体验的设计"（Paterson，2006：90），这种体验鼓励从自制和管理（例如在健身房）到狂欢越轨的所有行为。这让我们回到这一观点，即消费首先是一个心理过程。无论我们如何通过消费内容寻求归属感或试图给人留下深刻印象，消费的过程总会将我们带回不断期待、渴望和幻想的状态（参见 Campbell，1987）。但这种幻想建立在现实中，它与对自我的想象有关，这当然是广告的功能，或者至少是广告带我们经历的过程（Paterson，2006）。简言之，消费建立在渴望之上，而非理性之上（Slater，1997）。

所有这些都不只是服务型经济的展示和描述。我们不再只对消费有形商品感兴趣。幻想就是一切。消费社会为我们包装了一个体验的世界，使我们处于个人世界的中心。当我还是个小男孩的时候，我常常想象周围的世界只为我存在。我就处在《楚门的世界》（*The Truman Show*）那样的现实里。我的身份只是为我而存在的世界的产物。这正是消费社会想要所有人拥有的体验。体验型社会的特征是能完全实现自我的幻觉：通过自我满足的片刻，一个充满景观的社会变得栩栩如生。因此，在本书的余下部分中，我将批判性地讨论体验的重要意义，它支撑了"归属"消费社会的意义。具体来说，我将讨论，近几十年体验型消费形式的"增加"，加剧了消费资本主义的意识形态力量。同时，体验改变了消费社会中结构和能动关系的本质，更具体地说，它将心理－社会因素置于消费意义的核心，从而使自我变得更加脆弱。为此，我将从多个维度考察体验型社会。在第二章，我将进一步考察体验与身份之间的关系，然后考察体验型社会如何重构消费者对社会生活中关键领域的体验，如休闲、工作、技术、场所和空间、体育运动，以及更具体的咖啡馆的深刻体验。

在《反对一切》（*Against Everything*）一书中，文化评论员马克·格雷夫（Mark Greif, 2017）指出，在我们所处的世界中，我们体验得越多，就越感到不满足。格雷夫认为，体验是当今社会运作的基础，因为它为我们提供了可供渴望和获得的东西。幸福是无形的，体验是真实的。但是，把体验放在生活的核心是有问题的，因为积累的体验越多，你就会越发意识到体验的整体少于各部分的总和。那么，体验事实上让我们领略了另一种生活：它暗示了一种可供选择的休闲生活，这种生活比以往更远离现实。尽管体验迫使我们思考它们与日常生活有多么不同，但体验仍是短暂的，甚至有可能是孤立的。

《体验型社会：消费资本主义的重启》要求读者反思生活在当前社会意味着什么，这个社会让我们与体验建立了一种极其不健康的关系，还让我们相信，体验可以被独立的个人拥有并实现。但事实是，我们的社会只有在有报酬的情况下才会重视体验。在接下来的内容中，我将探讨这种事态的表现和后果。我们觉得自己的体验越生动，就越愿意接受消费资本主义这一意识形态的主宰。体验型社会是建立在感觉和概念上的领域（Wilson，2007）。但是我们思考得越多，感受到的就越少，所以与消费方式相比，消费内容变得越来越不重要。最终的结果是，我们需要对支配我们的意识形态规范负责。从这个意义上说，作为体验型社会的公民，我们要对消费资本主义的重新启动负责。

第二章

■■■■

消费、身份与体验

长期以来，身份的问题一直处于消费资本主义日常影响力的争论中心。消费之所以有意识形态上的吸引力，是因为消费品在个人如何探索和建构日常生活中发挥了重要作用。消费主义"作为一种生活方式"的成功，至少部分依赖消费生活方式对我们的生活产生的影响，以及我们对这种影响的毫无察觉。换言之，消费是意识形态的：它表现为一种自然状态，而我们作为自愿的消费者，不知不觉接受了这一过程，事实上这无疑让我们成了它的同谋。我们再生产了一个很容易让我们感到沮丧的消费世界。体验型社会的出现加剧了这一过程。本书的基本论点是，这一过程不仅强化了消费和身份之间的联系，而且加速了消费，使消费者更容易受到消费资本主义力量的影响。

然而，重要的是要牢记，上述转变只是漫长过程的一部分。一般来说，我们可能会思考这样一种可能性：随着社会生活中的其他因素变得越发不可靠和不确定，消费方式已经越发成为重要的社会、文化，甚至心理"常态"的标志。我们也可以思考这样的观念，即消费体验在建构个人身份上发挥的作用，比消费方式和特定消费品更重要。但这种转变只能被理解为更深刻的演变过程的一部分，在这个过程中，消费内容和消费方式对自我意识的影响方式变得比过去更加复杂。在本章中，我将考察是什么建构了消费—身份的关系，随后将开始反思为什么今天有所不同，以及这如何改变了消费资本主义在意识形态上对日常生活的影响力。

心理－社会自我

乍一看，与性别、种族、性取向甚至阶级等明显更尖锐的因素相比，强调消费在身份建构中发挥重要作用似乎是荒谬的。这个主张似乎确切无疑，但这正是我们必须严肃对待它的原因。正是因为我们认为这是理所当然的，所以消费方式和消费内容才如此重要。的确，我们的性别、种族或性取向当然是身份的重要组成部分。但是至少，消费内容也会建构我们的身份。这不仅因为它是表现自我的方式，还因为消

费方式可能会反过来影响我们对自己的感知。正如科拉雷欧
（Collareo，2003）指出的那样，自我意义建构的符号社会学
和交际策略一直是社会科学家关注的问题。事实上，可以说
消费方式在稳定自我方面，发挥着与过去的社群和家庭同样
重要的作用（Knorr Cetina，2001）。随着时间的推移，消费
在身份建构中的作用发生了变化。消费能力不只是经济上的
需要，也成了社会和文化上的需要。它成为个性化消费者与
社会产生联系和归属感的关键点。而个性化消费者意味着有
自由选择的能力。

身份是一个相对较新的概念，在 20 世纪 60 年代之前并
不存在。尽管这个概念很复杂，但实际上可以用非常直接的
方式定义它："我们是谁，我们认为自己是什么；或者就个
人性格和自我意识而言，大致上是'个人身份'；或者就被
赋予身份的社会群体而言，大致上是'社会身份'"（Moran，
2015：12）。当然，重要的是要记住，身份是一个备受争议
的概念。从一方面讲，身份主要是一个心理学问题。心理
学家早就倾向关注"自我"这一概念。利里和坦尼（Leary
& Tangney，2012）区分了研究人员使用"自我"一词的五
种方式：作为整体的自我、作为人格的自我、作为个人信念
的自我、作为能动主体的自我和作为体验主体的自我。但现
阶段要指出的是，这些关于自我的概念都不可能脱离社会背

景而独立存在。自我是心理 – 社会建构物。正是体验型社会在心理学中的重要性，凸显了它在社会学中的重要性。但身份现在的含义与过去不同：它是一个以新方式使用的旧词（Moran，2015）。玛丽·莫兰（Marie Moran）的观点是，在今天，只有将身份嵌入其产生的文化、政治和经济背景中，才能充分理解身份的含义。因此，"身份"这个词的重要意义不在于它意思的变化，而在于这个意思是如何根据这个词与社会变迁本质的关系而变化的。正是在这种背景下，体验型社会中消费与身份之间的关系值得进一步探讨。

稍后我将论述莫兰如何精确描述资本主义和身份之间的关系。在此之前，我想讨论安东尼·埃利奥特（Anthony Elliot，2016）提出的类似论点，即当代生活体验对社会身份和个人身份的深远影响。埃利奥特认为身份是一把双刃剑。在技术和数字创新的背景下，资本主义世界生活方式的选择成倍增加，而这种转变与自由的观念有关。但与此同时，它们似乎具有威胁性或恐吓性：在 20 世纪末和 21 世纪初，社会变迁带来的风险无疑变得越来越个人化。显然，在社会变迁带来的不确定性中，个人有更多的责任去探索自己的道路。此外，埃利奥特担心的是，在技术革命的时代，我们共同身份的本质，以及在这样的背景下它们将会受到何种影响的严肃问题，已经从公共话语中消失，而这是人文学科中科学和技术研究风潮直接导致的。埃利奥特接着描述了在如此不确定的世界中身份概念所呈现的复杂性。他说道：

> 一个高度全球化、技术创新和后人类突变的世界彻底改变了身份的意义……如今人们越来越体验到日益增长的文化焦虑，他们的身份，或者说他们的核心自我意识，在面对日常生活的重要挑战和困境时变得不再适应形势的需要。（Elliot，2016：3）

这是以焦虑为特征的存在方式（参见 Maguire Smith，2008）。在许多方面，现代存在方式由我们与焦虑的关系决定，焦虑几乎有了自己的生命力，以至于我们的自我就是对它的写照。而焦虑是由一种文化引发的，这种文化告诉我们，为了获得归属感，我们必须工作（Elliot，2016）。

在本章中，我将讨论在体验型社会的背景下，身份的本质是如何被重估，甚至被转变的。早在 20 世纪 90 年代中期，相关研究讨论了身份如何变得越来越私人化。人们以往依赖的集体和支持机制正在崩溃，成了碎片化过程的一部分，这从根本上破坏了身份定位的方式。然而，这一过程的讽刺之处在于，由于迫使个人在公共场合表现出自我专注（self-preoccupations），它将个人推向了社会（Lodziak，2002）。或者，正如拉什（Lasch 1984：32-33）所说，这一过程"将想象力从外部约束中解放出来，但将其更直接地暴露于内心的冲动和焦虑的控制中"。近几十年来，这一过程很可能已经加剧。我们面临的压力越来越大，必须进行变革，但也许更重要的是看起来在变革。在这种情况下，所有行为都是经济行为，所有存在方式都暗示了有利可图和冷漠的商品化，并且被它们界定和衡量。因此，人类实际上作为"市场参与者"而存在，对"所谓的自由市场经济与当前完全为其服务并受其控制的国家之间的明显矛盾"已经脱敏（Brown，2015：40）。它们其实是新自由主义的产物、标准的理性秩序。这决定了人类生活的各个方面，并确保身份问题永远不会得到解决。在这种背景下，霍克海默和阿多诺（1972）指出消费者永远在获得满足的路上，而永远不会真正获得满足。未来的挑战如此紧迫，以至于我们当下处理身份问题的方式永远是不完美的。消费只是应对该问题的一种机制，并不能提供任何解决方案。埃利奥特（2016）在这里描述的是身份的个性化（individualisation）：在这个世界里，个性化被加强，但未必能使个性增强。最重要的是，职业和个人的重塑创造了一种埃利奥特称为"身份再造"（identity reengineering）的氛围：在这里，打造自己动手的个人叙事已经变得至关重要。

无论如何，通过新个人主义进行实践的再造艺术包含了大量的体验、想法和生活方式。在当前世界里，在文化上对即时变化的迷恋和无休止的自我改造也引发了身份的社会坐标问题，而长期的可能性和可持续的未来似乎已经断裂且易变。（Elliot，2015：9）

空间、消费与身份演变

无论这一推测让我们感到多么不安，许多学者都在思考消费的物品在多大程度上塑造了消费者（Miles，1998；Cutright et al.，2013）。这种争论可以从市场营销的角度切入，即购买的物品是否会直接影响个人对自己的看法；也可以从社会学的角度切入，即考察个人或群体是否通过将自己与特定风格联系起来而获得稳定感或归属感。

一些讨论消费和身份之间关系的早期研究者——如费瑟斯通和吉登斯（Featherstone，Giddens et al.，1991）——受到了批评。这是因为他们不加掩饰地崇拜生活的风格化，而这种生活方式在某种程度上无疑暗示着审美判断正在取代道德判断（Ray & Sayer，1999b）。对于像奥尼尔（O'Neill，1999）这样的评论员来说，这种思考方式有可能呈现出简单化的后现代立场。该立场颂扬了个人疯狂且碎片化的本性，他们显然可以随时自由地变换身份。而采取这一立场意味着消费仅仅关乎选择和自由。这可能意味着体验型社会不仅涉及个人的发展，还涉及消费者充分利用消费世界所提供的机会的能力。贯穿本书的核心问题是，消费和身份关系的本质很可能正在发生变化。在这一点上，消费的体验形式（相比于对物品本身的消费）比过去更加关键。换句话说，在快速变化的世界中，我们消费物品的方式决定了我们是谁、我们是什么，而且可以肯定地说这一显著转变具有重要的社会学意义。

当然，上述转变在很大程度上也是一种空间现象。这是一个领地问题：创造非中立的领地。空间在人类建立个性和自我意识方面起着关键作用（Sack，1992）。这一过程已经持续了好几个世纪，它通过日常生活中看似简单的结构性变化反映出来，比如房屋内房间的分割，或者镜子的发明。在这一语境下，萨克接着讨论了段义孚[①]（Tuan Yi-Fu，1982）的作品，段义孚似乎反转了自我概念发展与分割的关系。从这个意义上说，对消费社会的体验取决于我们在创造意义上的

[①] 段义孚（1930—2022 年），当代华裔地理学家，他的人本主义地理学思想对西方地理学界产生了重大影响。——译者注

自由和重担。这表明了新制度的出现，在这种制度中，价值可以用金钱来衡量。如萨克所说，诸如住所与工作分离的过程，已经导致了人、事和流程不固定在一个场所中。空间实际上已经呈现出一种抽象特征，相比于其他任何东西，抽象特征与消费社会的经济需求联系得更紧密。最重要的是，

> 人们需要地方来建构自己的世界……随着外部世界变得越来越隔绝，自我也变得越来越隔绝。领地性提供了将个人的地域感扎根到固定空间位置的可能性。但由于这种个人的存在感没有被共享，而且领地分割甚至可能加剧其孤立，它变得私密、主观，甚至另类。（Sack, 1992：5）

因此，在消费社会中，以探索个性的新方法为目标的驱动力变得无情。文化迫使我们强烈地意识到自我的存在，因而导致了在寻求自我存在的外部认同时，对个人力量过度夸大（Tuan, 1982）。这是一个长期的过程，在这个过程中，体验型社会的出现是新近的表现。

在人们看待彼此的方式上，文化、社会和经济的变化使外表（相对于表现）没过去那么重要。有迹象表明，消费者不太喜欢将物品作为自我表达的手段。例如，请留意时装市

场的衰落，尤其在年轻消费者中（Geoghegan，2018）。如果我们认可这种说法，大概就可以想象，这可能涉及对诸如奥尼尔（1999）等作者所重视的一些身份原则的重新确认。换言之，鉴于当前人们急切地担忧未来的地球环境，我们仅仅是有可能回归更有希望的时代。在那种时代，性格、技能和性情决定了我们是谁和我们是什么。在这里，我的观点是消费资本主义已经足够成熟，不管现实与否都可以大踏步地进行这样的转变。即使在个人觉得有必要证明自己的价值时，即使个人为此而远离消费品时，它也会找到一种途径。而体验是它能够做到这一点的手段。

或许我们可以思考的是，身份建构的基础过程已经完成了一次循环：从本质上属于社群或社会的身份概念，过渡到越来越视自己为独立于社会背景之外的个体，在某种意义上，它又回到了原地。在这个历史节点上，在充满个性化风险、不确定性和混乱的时代里，尤其是在社交媒体影响下，身份无疑正在被重新定义。因此，我们认知自我的方式必然支离破碎，而个人意识却在增强。与过去相比，我们不仅缺少可供借鉴的共同叙事（以及不同的阶级立场）或文化，而且现在出现了"产消合一"（prosumption），即消费和生产之间界限变模糊的消费模式，并且商品通常是共同生产的，而它突出了形成社会空间的消费世界的分裂性。消费者不再是消费的被动接受者，而是主动决定自己消费的体验者。一方面，从某个角度来看，这非常具有解放性：在某些方面，消费者确实已经成为自身消费身份的书写者，这至少让人感觉它提供了逃脱的方法。相比于 20 年前，现在个人能自由地做出更深思熟虑的选择。但另一方面，这样的过程使个人与寻求庇护的系统联系得更紧密。因此，我们成了身份的观光客（尽管仍在追求身份），我们所沉溺的体验乐趣本身则成了最终目的。我们并不通过我们是谁来定义自己，而是通过体验的本质来定义自己。从这个意义上说，体验型社会是一种谬论。除了与体验的短暂接触，这个社会剥夺了我们渴望的那种体验。

重塑自我

与流行理论不同的是，身份的概念可能不再合适，也不再成立。我想说的是，与过去相比，个人在体验型社会中建构的自我意识有着微妙的不同，就个人而言可以说更具伤害性。社会和文化理论的关键点之一在于阐述这种变化对于个人定义的意义，以及通过自己与他人的互动和深刻影响这种互动的调节现象（如消费），个人如何被定义（Holland，1977）。霍兰（Holland，1977：272）很久以前就主张建立一门激进的人文科学，他指出"在人文科学领域，在所有理论家身上运作的决定性社会背景产生的影响全都位于自我概念中，甚至包括心理变量。因此，看来我们最不该做的就是将心理学和社会学分开研究"。对于霍兰来说，社会科学因忽视心理－社会的介入而失真。我们必须停止从强制的角度看待消费行为，因为只有这样，才能真正理解这里描述的意识形态含义。

在讨论消费与身份之间的关系时，邓恩（Dunn，2008）认为，正是对商品的"主体性铭刻"（inscription of subjectivity）导致了身份建构本质的深刻转变。或许这主要是围绕着持续的"匮乏感"而"批量制造"出来的：一种永久的缺失感。这反过来代表了一个过程，即在当下，消费与社会地位的关联越来越少，而与自尊需求的关联越来越强。在这种情况下，生活方式的概念仍然是关键。对于邓恩来说，生活方式是身份建构的手段，它们提供了定义自我的材料，同时也提供了个人融入更广泛的社会和文化背景的外在表现。事实上，无论我们的消费体验如何个性化，仍然不可避免地受到社会的影响。然而，这个过程似乎越来越与阶级无关。简言之，身份政治的商业化及其对个人可获得的选择和差异的关注，破坏了阶级提供的传统结构。同时，消费领域本身增加了个人可获得的可能性，而这远远超出了阶级提供的可能性。因此，生活方式指的是家庭使用可支配收入的方式，或是这种消费对该家庭及其成员的生活造成的影响。这就是说，意义的概念也特别重要。重要的不是个人或群体消费什么，而是如何消费以及为什么消费。这有助于我们理解体验型社会的出现，它意味着在不断变化的环境中，消费者（至少看上去）不仅能够做出选择，而且能够按照选择行事，从而使消费物品转变成高度个性化的体验，使生活成为"审美目的的表达方式"（Dunn，2008：125）。

在这种情况下，海尔格·迪特马尔（Helga Dittmar，2010）甚至将消费文化描述为一个"牢笼"，因其不切实际的理想导致许多人承受着身份残缺和负面情绪。而这些人转而试图借助似乎由消费主义提供的自由，建构"更好"的身份形式来解决这些问题。然而这远没有提供有效的途径，无法让我们建构持久的身份，甚至可以说消费主义创造的象征意义使我们远离了更深层次的心理需求。产品根本不具备满足我们潜意识要求的能力。当然，考虑到弗洛伊德①（Freud，1920）的观点，即人类行动背后的指导原则是快乐原则：追求快乐和避免痛苦，可以说这一切都有一个精神分析维度

---

① 弗洛伊德（1856—1939 年），奥地利精神病医师、心理学家、精神分析学派创始人。——译者注

（另见 Moccia et al., 2018）。弗洛伊德模型的核心是人类本能的概念，即人类有与生俱来的动力本能。然而就本书而言，这对我试图呈现的心理 - 社会立场是一种诅咒。

更令人感兴趣的是，产品能否为我们提供短暂的满足感或愉悦感，即使最终只是实现了理想自我的表象。购买品牌商品就是一个很好的例子。我们可能会认为，购买一双昂贵的普拉达（Prada）鞋将向世界证明，我们有某种精英品位，也许更重要的是证明了我们配得上普拉达所暗示的含义。但这样的策略适得其反。我们为这些商品赋予的意义，不仅会因为其他人以迥异的方式感知它们而受到损害（例如，在一个人看来是良好品位的表现，在另一个人看来则是"粗俗的消费主义"），而且意义的力量还会不可避免地迅速消退。它们可以是我们跳舞时穿的鞋子，也可以是我们最好的"约会"鞋。然而为了让自我拥有自身的归属感，为了让我们感觉到自己控制着这种归属感，它们不能仅仅是鞋子。在更具影响力、不那么短暂的体验中，鞋子只是一个元素。

在这里，关注自我很重要，但它也可能夸大消费的强迫性和潜在焦虑性。或者你可以说，在体验型消费的幌子下，这种焦虑和强迫被有效地隐藏起来。现阶段需要指出的是，我所讨论的是资本主义状况的一部分，如上所述，它使某种事态永远持续下去，而有意义的、令人满意的身份从未真正得到保障。正如洛兹亚克所说，"无论消费主义和刚获得的自由有多大的吸引力，它们都无法满足个人维持自我意义感的需要"（1995：20）。这里描述的起码表面上看上去是一个永无止境的令人感到不满的循环。从这个角度来看，身份是丰富且随处可见的，但与此同时，身份问题又远不能以令人满意或有意义的方式被解决。因此，它们既稍纵即逝，又虚无。所以在努力取得身份稳定性的过程中，个人被吸引到肤浅且短暂的联想中。消费者通过某种资源感受自己的归属感，而消费能够长期提供这种资源。然而，它实际上只是在维持某种稳定且牢固的自我幻觉。消费资本主义维持这种状态是为了使其经济"利益"最大化。躲进体验能够催生这种状态。在这种改造文化中，考虑到长期承诺和持久关系似乎越来越不可持续，短视近利主义被放在首位。这是一种过度的文化，或者正如埃利奥特（2013：91）所说的"过度自我"。然而，一个永恒的问题是，这是否都是幻觉：自我享乐主义者通过铲除自身无法容忍的东西以欺骗自己。消费者能否自我管理，以及体验在这方面有什么影响？

只有回顾过去的做事方式和以往的生活方式，我们才能批判性地审视并更好地实现梦想和计划。因此，与其他事物相比，重塑总是与创造的范畴有关联（无论关联多么微弱）。把消费主义或名人文化的幻觉坚持到底，可能会让重塑型社会彻底失败，但它仍然保证紧跟人类创造的潮流……这不是说我们全都被蒙蔽了，而是说为了应对先进的全球化世界，我们正在考虑重塑一个人们讲述自己和他人的全新叙事。（Elliot，2013：93）

商品加剧了社会变迁带来的紧张局势（Sack，1992）。对于个人来说，商品提供了放松的途径，甚至是逃避的途径。然而对于资本主义机器来说，它们扩大了消费者被控制的范围。用马克思主义术语来说，体验让人觉得它能保护消费者免受异化。

身份与资本主义

在莫兰（2015）的研究中，《身份与资本主义》（*Identity and Capitalism*）一书是这场争论中最有益的成果之一。莫兰提醒大家注意，身份的概念既"至关重要"，也"有问题"。在这方面，一个关键点是，在现代性中，身份不是简单地预先给定或假定的，而是被扮演的。这是我将在本书中反复提到的观点。换句话说，身份是一个工程：它是流动的，有可能很脆弱。莫兰认为，近年来，由于人们普遍认识到拥有身份是人类存在意义的组成部分，有关身份的体验和表达变得更加突出。对于莫兰来说，"这并不是说在资本主义晚期，人们的'身份'变得更加重要，而是说资本主义自身开始作为新的核心机制运行，以建构和体验自我意识及其与他人的关系"（2015：4）。换句话说，资本主义及其隐含的主体化（即成为主体性实体的个体组成）致力于创造特定的身份：资本主义创造了一个人类有能力且有望拥有身份的世界。正是在这个意义上，自我通过消费得以扩展。我们利用财产增强自我意识。但是通过消费扩展自我的过程，仅能反映事实的一个方面。拥有已经不够了。单纯拥有产品的体验短暂得离谱。消费者需要的更多。

身份的本质已经发生显著转变，原本它建立在劳动、就业和市场的坚实基础上，现在则必须更具灵活性和适应性。因此，埃利奥特描述了一个兼具创新性和危险性的世界。据那些鼓吹它的人称，如政客、私人教练和商业领袖，对这个世界的要求做出充分回应的唯一方式就是个人变得更具灵活性并不断自我创新，这一过程对我们如何理解身体有着特殊的情感含义。在这种背景下，马圭尔·史密斯（Maguire Smith，2008）将健身视为一个典型，以此说明资本主义如何教导我们约束并享受我们的身体，以及身体如何作为身份对象、"投资场所和自我生产工具"而运转。在一定程度上，这是阶级问题，因为中产阶级已经将健身视为"自我管理"的一种形式。但是正如我将在第三章中讨论的，休闲领域似乎越来越能解决个人问题，或是解决通过身体表现出来的个人问题。事实上，资本主义告诉我们，工作之外的事情能帮助我们充分发挥自我。这种认识对于我们理解消费有着更广泛的影响：

> 在整个20世纪中，个性化与消费交织在一起，自我的问题已经变成了以身体为课题的消费自我的问题。通过产品和服务，我们看到了自己的身体，而消费成为塑造和重塑身体的主要场所。（Maguire Smith，2008：20）

史密斯认为，消费让我们进入的自我的世界根本不是自我生产的世界。我们别无选择，唯一的选择就是成为"我们自己"。从这个角度来看，健身只是工作的另一种形式：我们从中获得的乐趣来自资本主义纪律。长期以来，我们一直错误地认为，个人风格和个人进步等同于个人主义，进而等同于民主平等。我们如此热衷于崇拜自我，以至于觉得自己有权得到想要的任何东西（Hedges，2009）。

失能的消费、失能的身份

消费资本主义让我们觉得每个人都可以得到一切。也许说明这一点的最佳方式不是借助消费者的例子，而是需要讨论那些渴望消费但不能消费的人，起码他们的消费无法达到渴望的水平。鲍曼[①]（Bauman，1998）用"失能的消费者"（flawed consumer）一词来代指那些最渴望消费主义，但实际上却被排除在外的人。事实上，受消费世界影响最深的是那些站在外面向里面看的人，他们为自己不能成为消费世界的一分子而感到沮丧。因此，鲍曼认为，当今社会的决定性特征是消费能力，而并非是否有工作。在这种意义上，那种消费者是"失能的"，因为他们根本没有能力充分参与社会生活。由于缺乏消费能力，他们处于较低的社会地位并因此感到痛苦，甚至与其他人似乎都能获得的财富隔绝开来（Bauman，1998）。那么，在这种情况下，贫穷是什么感觉呢？对于鲍曼来说，消费社会自称这里不可能存在无聊，但无聊与否仍最受人们重视。在消费社会里，无聊的人只能怪自己。他们失败了。他们不属于这个社会。社会要求我们

---

① 鲍曼（1925—2017 年），最著名的现代性与后现代性思想家之一。——译者注

适应；所以我们必须体验这个社会提供的东西。这里的重点是，该过程强化了消费在人们如何看待自己上所起的作用。具有讽刺意味的是，一个人越是被排除在消费领域之外，就越是想通过无法拥有的东西或是增加债务才能体验的东西来定义自己，从而使自己与定义他们的经济体制联系得更紧密。

"失能的消费者"尽其所能地使用消费的象征性力量，以展示他们的归属感和力量。正如纽厄尔（Newell，2012）在关于科特迪瓦犯罪、消费和公民权利的著作中阐述的那样，可以肯定地说，在过去，归属感和力量主要通过消费产品，尤其是通过时尚展示出来。纽厄尔描述了科特迪瓦的年轻失业男性以非常刻意的方式消费名牌商品，以此作为维护其社会权威的手段。对于这些年轻人或虚张声势的人来说，这种消费代表着尊严。他们似乎很成功，有一定的权威，因为他们看起来如此。这就是作为展示的消费，它使用产品创造体验或一系列条件，从而使消费者的体验变得真实而明显，即使这种体验有时是非法获得的，可以说这是不真实的。

这些年轻人除了借助消费产品展示自己，没有其他合理性，而这就是他们真正需要的。每个人都知道这些年轻人很穷，但是他们能够利用消费维护自己的真实性，而这正是通过观众的眼睛反映出来的。消费的真实性是通过展示确立的。在意识形态层面上，这进一步证明了，对于消费者和那些沉迷这种展示的人来说，消费充满了诱惑力。然而，这些虚张声势的"真实性"并非独一无二，也不是完全不同寻常。与此相呼应的是保罗·威利斯（Paul Willis，1978）关于工薪阶层学生的经典著作《学做工》（*Learning to Labour*），它描述了男孩们一再重蹈覆辙，试图通过彰显地位的行为表现自我，而这种行为最终却导致他们被排挤，甚至有可能找不到工作。同样的是，这种排挤不是消费或生产本身的产物，而是一种向外部世界表现某种真实性的手段。或者换句话说，当展现自我时，自我正被权力和权威的表象保护。然而，在残酷无情的现实世界中，这种权力和权威必将被戳穿，终归会基于你对归属感的错误努力评判你。

正如上面那个虚张声势的例子表明的那样，消费总是以这样或那样的方式被展示出来。从某种意义上说，上面的例子与 20 世纪后半叶那种利用消费达到自身目的的青年文化并无不同。在这两种情况中，时尚的价值都依赖其象征意义：它向其他人展现群体成员资格和归属的信息。它们的区别可能在于，展示建立在不同的基础上。朋克、摇滚乐等风格选择提供了阶级地位的视觉标志（参见 Hebdige，1989）。对于虚张声势的人来说，展示及其体验就是一切。是的，穿特定品牌的衣服能给他们带来拥有某种地位的感觉。而最重要的是，它能为失能的消费重新赋能并使其合法化。通过被视为消费者，他们"归属于"消费者。但是这种感觉终究是虚幻的。

在试图理解体验对人们生活的积极影响时，我们可能会得出这样的结论：相比于投资资产（最终成为我们体验的道具），体验更能让我们快乐。这是因为我们更有可能对体验进行积极的重新叙述，从这个角度来看，体验有可能对我们的社会关系产生积极影响（Van Bowen & Gilovich，2003）。但体验大概不会像拥有资产一样使我们的自我意识失真。例如，社会中充斥着关于美、时尚等要素的社会规范和期望，它们为人们的行为和外表设立了标准。这里有一个很好的例子，但让作者感到有点儿疑惑，那就是普通眉毛或花园眉毛①。年轻女性如何呈现眉毛是一个不断变化的时尚问题，并且可能会根据她的年龄和地域不同而发生变化。相似的是，年轻女性面临着巨大的化妆压力，而这与审美几乎毫无关联，因为这里重要的是展示及体验。例如，大多数人都化了浓妆，并不意味着年轻女性化浓妆就能呈现出最美的一面。相反，她可能屈从于社会环境所定义的标准，屈从于以规定的方式进行展示的要求。正是通过这种方式，化妆等物

---

① 装扮眉毛，使它看上去像个花园。——译者注

质消费使我们产生归属感，但与此同时也限制了归属感的范围。卢克斯（Lukes，2005）对"内在幻觉"的讨论重申了这一点。无论消费主义如何暗示这是可能的，人类也不会根据个人的自由选择建构自己的身份。他们的存在感不可避免地被一系列社会程序所束缚，这些社会程序会误导他们自身及其判断，以至于其自我意识总是受到削弱。我们相信：如果将"拥有"眉毛作为归属感的标志，我们就能成为自己命运的主人，我们就有控制权。但事实恰恰相反。由于我们屈从化妆制度，这种眉毛表明了我们只是在展示我们的体验。我们可能会因此感觉更好，但在这个过程中，我们失去了一些东西。

结　语

在这之前，我已经简要提到了社会心理学家迪特马尔（2010），他呼吁设置一个研究主题，着眼于独特性的同步性：消费者如何通过被视为消费对象而融入社会，以及这如何在提供独特性的同时否定独特性。正是在类似的背景下，麦高恩（McGowan，2016）讨论了消费者作为市场参与者的心理成本。麦高恩认为，资本主义之所以占主导地位，是因为它与我们的欲望结构相似，同时掩盖了制度给我们造成的创伤：

> 资本主义要求不断积累，并承诺提供它无法兑现的满足感，这种失败发源于主体的心理结构和主体获得满足的方式。我们通过未能实现的愿望使精神获得满足，而资本主义允许主体延续这种失败，并且始终推崇追求成功的信念。（McGowan，2016：21）

对于麦高恩（2016）来说，成为消费者就是对于永不满足的体验，消费为体验赋予意义，使消费者坚持不懈地追求它，这样不断重复的损失就会给消费者带来满足感。这种理解体验型社会的方式很有趣。体验给了我们最大化个人"旅程"的方法，但它却一直在戏弄我们。它让我们不断前行，却从不会让我们到达终点。如上所述，霍克海默和阿多诺（1972）很久以前就发现了这个过程，但它现在发生了根本性的变化。所谓体验型社会的存在证明了一个事实，即它必须被认识。与过去相比，我们的消费方式越发精致、个性化。他人基于消费内容对我们产生看法，而我们不仅通过他人的看法看待自己，还通过体验看待自己，无论这种体验是否补充或损害了我们所处的社会环境。因此，对产品的短暂消费正在转变为一个更集约且扩张的过程，即体验性地消费许多产品和服务，而这种转变使消费资本主义意识形态的影响力不断扩大。

所有消费形式本质上都是意识形态方面的。正是因为我们接受了消费的所有神奇伪装，认定它是正常和平凡的，才使它的力量不断增强。我们通过商品使资本主义"有生命"（参见 Fiske，1989）。自我意识的强化逐渐打开了通往一个世界的大门，在这里，隐私已经被消费社会所暗示的繁荣与安逸的世界所代表——一个"没有约束、没有责任"的世界（1989：199）。消费者被拉进了这个逃避现实的世界。用段义孚（1998）的话来说，我们越来越多地被鼓励逃避自身存在的动物状态。对于段义孚来说，日常生活实际上是不真实的——它的不确定性和不清晰性制造了一种不真实感，以至于我们渴望一个完全不同的世界。这个世界简单明了、连续贯通，既有预先设置的规则可供参考，又能进行自我探索。在这样的世界里，我们可以活在世界制造的问题之外，并且我们放大了对自己的感知。其中潜在的问题是，如果逃避现实提供了暂时的喘息，那固然很好。然而如果照字面理解，它可能会变成地狱般的存在。现实是我们决定的。这让我们再次回到消费的想象力，它显然能为我们提供安慰，帮助我们忍受并远离日常生活（Campbell，1987）。所有这一切的有趣之处在于，消费世界把自己描绘成一个没有日常生活限制和义务的世界，以至于消费者的行为似乎没有后果。具有讽刺意味的是，我们为了归属感而寻求逃避，但归属感永远不会像我们想象的那样（参见 Sack，1992）。

体验型社会传播了这样一个神话：既然产品让我们失望了（或者产品本身被改造成了体验），那么我们可以转而求助其他任何形式的体验，以此支撑自我意识。体验是我们主动维护自我价值感和归属感的主要手段；这是自我管理的基础。体验型社会让我们相信，我们有能力控制周围的世界，无论这个世界多么微不足道。我们已经构筑了自己的"楚门的世界"，其中最重要的是我们自己。因此，消费资本主义比以往任何时候都更加强大。在它再生产的以自我为中心的环境中——这个环境中的物质消费无法提供我们想要的东西——体验似乎提供了一种有效的选择、一种更有意义的满足个人身份需求的方式。我们在体验中对"自己"的感知越强烈，就越无法控制让我们产生这种感知的力量。因此，体验比消费品本身更能塑造个人身份，这是因为体验更能为我们的生活提供增值的可能性。它提供了一个渠道，可以把对我们来说重要和不重要的事情都展示出来。

在本书的余下部分，我将讨论的观点是，对体验的消费延续并加剧了上述过程。因此，我将继续讨论对休闲、体育运动、咖啡馆文化、建筑、技术和工作进行消费意味着什么，以及这如何帮助我们理解资本主义重塑自身的方式和原因。我们可能会认为，从产品到体验的明显转变可能会削弱赫奇（Hedges，2009）称之为自我崇拜的概念：例如，相比于个人与特定服装之间明显的内在联系，体验必然（或至少通常）在取向上更具社会性，而不是更以自我为中心。但现实是，越来越注重体验的世界将个人置于感知的核心。因此，人们参与社会的方式，更多的只是自我认知的产物。而这种自我认知是通过体验提供的镜子折射出来的。

第三章

■■■■

休闲与旅游业

休闲社会并不存在，也从未存在过。事实上，我们所生活的这个由技术主导的世界似乎快要实现乌托邦式的休闲社会构想。然而，休闲仍在以似乎让消费者晕头转向的方式发展。与30年前的休闲与旅游业相比，现在我们体验的与之非常相似，但又有所不同。消费是这背后的驱动力，在某种程度上，消费方式和消费内容过滤了我们度过闲暇时光的方式。然而，曾经的休闲既是从工作中解脱出来的目的，也是手段；现在的休闲则是达成积极宣传自我的目的和手段。我们参与的休闲和旅游相当于一种"自我管理"：一种加强当代资本主义意识形态影响力的管理形式，却让我们比以往任何时候都更难控制自己。只有借助休闲和旅游，休闲生活的个人收益和回报才是最真实可见的，但是同时它们也展现了消费资本主义的影响力，让我们被塑造成合格的消费者。

休闲社会与"逃离"资本主义

许多作者试图借助资本主义理解休闲的演变。罗杰克（Rojek，2010）认为，与所谓休闲社会理论的地位密切相关的是这一命题，即富裕社会扩大了提供给消费者的选择范围，同时显著扩大了他们可获得的选择和自由的范围。这一论点认为，世界越变越好，而正是资本主义让这一切成为现实。

早在1967年，法国社会学家迪马泽迪耶（Dumazedier）就提出了社会主义的休闲观，并质疑休闲是否正在成为人们的新慰藉物。他的结论是，休闲是新兴社会生活的核心，劳动人民确实有更多的时间可以支配。实际上，休闲成了一个"调节因素"，它"位于大众文化和个人全部活动之间"（1967：231）。对于迪马泽迪耶来说，若是休闲已成为社会的关键制度，这将为进入更具创造性和自我实现的世界提供希望：这个世界承诺消除之前的苦难、无知和恐惧。因此，至关重要的是，工作实际上已成为达到目的的手段，而不是目的本身。

但这样的愿景是否过于乐观？是否真的如这些作者所想，休闲能够带来和谐的社会存在？或许，在关于后工业社会的争论中，休闲社会的论题找到了最重要的间接支持者，图雷纳（Touraine，1974）、贝尔（Bell，1973）和托夫勒（Toffler，1981）等作者认为技术正在成为解放的手段。他们隐晦且质疑性地宣称，休闲时间的增加表明了社会的进步和人类的解放（Rojek，2010）。无论这种观点在今天看来多么极端，休闲确实已经登上了社会学的议事日程；到了20世纪最后20年，这一观点逐渐被接受，社会学家认为休闲（以及由此产生的消费）不只是工作和生产的副产品。然而，罗杰克（2010）也指出，夸大休闲时代的普遍性太容易了。是的，消费社会扩大了我们的选择，但它无疑没有实现彻底变革，我们所处的社会仍主要通过工作定义我们。说休闲比过去更重要是一回事，说它现在是人类体验世界的核心则是另一回事。在这方面，杰里米·西布鲁克（Jeremy Seabrook，1988）并不那么乐观，他把工业时代的休闲描述为珍贵且匮乏的东西。他反复思考，为什么我们的文化会紧紧抓住比实际体验更休闲的未来社会的愿景：

> 要穿越现在的沙漠（毕竟，这是我们生活的地方）需要依赖专注于逃离的大量企业。是什么让这么多人感到迫切需要逃离？我们的确难以承受过量的现实，因为我们生活在有史以来最逃避现实的社会中。逃离很可能是为了避免缺席重要活动，避免缺乏功能和目的：它是

为丧失某种事物而哀悼的方式，那些事物是我们不断被教育要视作解放源泉的东西。（Seabrook，1998：4）

这种张力一直是我们与资本主义关系的特征：一种逃避资本主义要求的欲望，但讽刺的是，这种逃避几乎必然是在资本主义的掩饰下产生的，而这显然降低了这种欲望。也许，开启体验型消费的可能性，使我们可以逃避的这种感觉比以往任何时候都更加真实。尽管如此，重要的是要认识到，这与更宽泛的个性化概念以及21世纪末社会纽带正在瓦解的感觉有很大不同，但也有关联。正如我在第一章中指出的，20世纪末的社会变迁使过去给我们带来安全感和归属感的各种社会制度开始衰落。社群和宗教的作用就是一个很好的例子。人类正逐渐获得自由，成为他们想成为的人，但这需要付出代价：在这个充满焦虑和不确定性的世界中，个人的痛苦无法消解，只能落在自己的肩膀上（参见Beck，1992）。

在试图理解近几十年来社会结构如何崩溃的研究中，罗伯特·帕特南（Robert Putnam，2000）的研究是其中最重要的典范之一。他认为，虽然电子通信和娱乐的兴起给个人带来了希望，但它也创造了一种日益私人化和被动的休闲形式，使我们花费越来越多的时间单独消费商品和服务。毫无疑问，自从帕特南的书出版以来，这一趋势愈演愈烈，特别是考虑到社交媒体的兴起。这一趋势改变的无疑是我们为消费内容赋予意义的方式，以及我们对它的要求。在第二章，我曾指出，社会变迁导致自我感觉增强。这种强化反映了一种状态，正如加西亚（Garcia，2018：5）所说："现代社会不再向个人承诺另一种生活，也不再承诺超越一切的荣耀，而是承诺我们当前的状态——更多且更好。"在当前社会中，仅仅度过一天是不够的，我们必须看起来最大限度地生活、热爱、工作和玩乐。关键是，这种强度由我们自己衡量：我们是自身能力的评判者，能够极致地做自己。当然，具有讽刺意味的是，当我们每天都在"最大限度地"体验每件事时，倘若每件事都变得极度强烈，那么所有事都将不再强烈（Garcia，2018）。强度成了新的标准，而受益者是无情的消费资本主义，它试图说服我们，市场可以满足尽可能感受自我的需求：

> 如果现代思维要求新奇，那么很可能是以下原因：身体和心灵是由强度点燃的炽热圣杯；一直以来，旧的强度从未知的木块传递到已经确定的灰烬。除非我们不断地给世界充电，否则世界将失去对强度的控制……强度的景观和消耗……体现在娱乐业、投币点唱机、电影

和主题公园的前景中。无论你看向哪里，都有各式各样的产品试图说服劳动大众交出他们的钱，以换取活着的感觉。（Garcia，2018：68-84）

我们越是追求强度，体验强度的能力就越弱，但更重要的是，消费资本主义就越能蓬勃发展。如果我们要描绘消费社会演变的历史，就可能会很好地认识到，不仅像鲍德里亚（1991）等作者所说的那样，社会已经变得越来越仿真，而且这种仿真显然正在被越来越多的消费者欣然接受。这种发展是社会的产物，它致力于最大化自我体验，以实现经济的可持续性。

作为个性化体验的休闲：主题公园

主题公园是作为个性化体验的绝佳案例。对于戈特迪纳（Gottdiener，2001）来说，主题环境是法兰克福学派成员批判性分析的各种社会形式的延伸；它们是"消费者交流的管制性场所"（2001：172）：为社会互动和资本主义目的的实现提供舞台。考虑到主题环境的设计吸收了反霸权倾向，消费者可以在多大程度上利用这些空间以达到自我实现的目的，这当然是一个值得讨论的问题。显而易见的是，消费者如何与商业空间互动不仅仅是私人事务，它必然是社会再生产过程的副产品，恰好激发了消费者的幻想，而这些幻想反过来有助于维持消费者对日常生活的投入，使消费者在逃避日常生活的同时也强化了它。

主题公园或许是这一过程的终极体现。这是一个理想化消费和逃避现实的空间，在这里，逃避的归属感是议事日程（Jensen，1999）。这种空间通常被描述为小心地控制着消费者可以消费的东西，在这个空间中，消费者能将外部世界的矛盾抛在脑后（Lukas，2008）。但他们并没有把这个世界抛在脑后。是的，从某种意义上说，主题公园起着社会治疗的作用：一种忘记昨天和明天的方法，一种"新的时空秩序"，从而使消费者可以最大限度地享受当下。但在卢卡斯（Lukas）的分析中特别有趣的是，主题公园实际上提供了更多的东西：它旨在改变人们的生活，并随之改变人们的精神。通过提供一个完整的逃避空间，主题公园让我们相信我们是自由的，但是在这个过程中，我们与所逃离的世界更加紧密地联系在一起。

从上述意义上讲，主题公园根本没有提供逃避，而是展示了我们应该如何生活的极端模式。我们倾向于认为主题公园，特别是它们提供的幻想故事，存在于现实世界之外。当然，主题公园主要通过消费形式定义这个世界。我们如何理解自我意识以及自己与他人的联系，是主题公园延伸的品牌、符号和联想的产物。与更普遍的消费一样，主题公园并不反映或提供另一种现实，而是再生产了当前现实。这不亚于对一种生活方式的认可。实际上，主题公园的演变将建构新形式的社会性和自我 – 他人关系（Lukas，2008），但这是通过资本主义的过滤才实现的，因而强化了整体和我们身处其中的强有力观念：

在主题公园中，也许只有在主题公园中，人们才能再次感受到相互联系。当你从一个游乐设施走到下一个游乐设施，再走进餐厅，然后进入礼品店，甚至在洗手间时，你都可以感觉到所有一切又完整了：通过主题化的奇迹，一切都与其他事物相联系……尽管游乐设施讲述不同的故事，商店销售不同的产品，但在任何给定的主题公园空间内，都是通过相同的视角进行管控，即品牌的、共同的和乐观的视角。正如宗教规定了叙事解释的空间一样，主题公园的形式也对世界进行了有限且有力的叙述。（Lukas，2008：242）

不出所料的是，戴维斯（Davis，1997）研究了南加利福尼亚州主题公园海洋世界的生产和消费,他将主题公园的典型休闲空间描述为一台赚钱机器,这台机器让消费者接触丰富文化杂音的表层,但实际上其表层与深层内容完全一致。这里更有趣的是海洋世界等场所带给消费者感受的方式,这种方式重新塑造消费体验。因此,它远不是简单地消费项目中包含的产品,也不是不停地体验不同项目。正如戴维斯(1997)指出的那样,参观海洋世界的行为实际上是以非政治的姿态呈现给消费者的。这种行为是一种手段,消费者可以在参与公益的同时,根据他们对自然的关注采取行动。从这个角度来看,单纯地在那里就是一种"行动"方式,但这种行动正在做的是资本主义的工作。资本主义将自然商品化:它将自然当作可以消费的东西呈现给消费者,就像任何其他商品一样。通过这种行为,它改变了我们与自然的关系,同时增强了消费资本主义对生活的影响力。资本主义将自然商品化,以至于主题公园成为一种主要的,甚至被认为是体验自然的"自然"方式。作为一种自然旅游形式,海洋世界呈现出一种无可争议的整体性,它"参与了合理的榨取过程:它从工作人员和动物的劳动中,从对景观的操纵和顾客的欲望中榨取利润"(Davis,1997:243)。但是海洋世界绝非个例。和家人一起在中央公园度假村欢度周末,与逛海洋世界的情况完全一样:它有效地主题化了自然,并将这一消费行为与更深层的阶级地位联系起来（Miles，2016）。

资本主义以特殊的方式操控了消费者与自然的接触，而我们的体验强化了这个过程，并为这个过程带来了个性化回报。它让人感觉更真实，因为每个人都感到自己"拥有"了它。这就是体验型社会的讽刺之处。我们越是觉得自己体验了自创的世界，证明自己成就的感受愈强烈，就越觉得我们所处的世界无法控制我们是谁、我们是什么。

旅游业与操控"真实"自我

对主题公园的简短讨论揭示了体验型消费的潜在力量，体验型消费必须重塑资本主义持续再生产的方式。但这比主题公园这个例子所揭示的更普遍。旅游业可能是最容易感受到这种操纵的领域，因为我们，或者那些付得起钱的人，可以轻易地通过旅游满足逃离日常生活的需求。麦坎内尔（McCannell，1989）使人们注意到当代游客寻求真实性的方式如同当代的朝圣者。人们希望拥抱日常生活之外的体验，这样便可以把所面临的一切都消化掉。在这种情况下，舞台化的真实成为常态。厄里（Urry，1990）在关于游客凝视的讨论中进一步阐述了这一观点。旅游业激发了愉悦的体验，而我们以特定的方式重视或预期这些体验：它在以前不存在需求的地方创造了对它们的需求。这里重要的元素是幻想和白日梦、对强烈享乐的追求（Campbell，1987），最重要的是，这种体验必须非同寻常："游客凝视的潜在对象必须在某些方面有所不同。它们一定是与众不同的。人们必须体验到与日常生活完全不同的感受，或是完全不同的极其独特的快乐"（Urry，1990：11–12）。

你可以说，这并不是什么新鲜事：旅游业在性质和类型上一直都是体验式的。但我的观点是，有些东西已经改变了：以前我们能够通过旅游业传递的渴望，现在渗透到了作为生活方式的消费主义体验中（Miles，1998）。更激进地说，我想指出，尽管不像一些休闲社会理论家暗示的那样，如今的休闲和旅游领域可能并不具有变革性；尽管与过去相比，我们获得休闲的机会并没有显著增加，但我们获得的休闲在"自我管理"中发挥了更大的作用：借助消费，消费者主动地意识到自己是谁，以及他们如何与周围充满不确定性的经济世界联系起来（Brown，2015）。

旅游业就是要为消费者创造出特定的价值，这种价值不在于产品或场所的内在质量，而在于我们对它的体验以及我们如何估算它的影响。在某种程度上，真实性不是场所固有的，而是由个人的自我意识以及如何看待自己与场所或体验的互动决定的。对许多人来说，旅游是一个深刻的心理过程（Quinlan Cutler & Carmichael，2010）。当然，从某种意义上说，旅游业是创造回忆的，这些回忆不可避免地具有强烈的主观性，因此它们只能是个人如何参与并回顾旅游体验的产物。旅游体验是新奇和熟悉的结合，涉及个人对身份和自我实现的追求（Selstad，2007）。因此，许多作者认为，逃避现实是旅游体验的"真正"核心。旅游的目的可以是逃避日常琐碎，也可以是逃避社会强加给我们的压力。然而正如科恩（Cohen，2010）指出的，这里的关键问题是，这些逃避能否实现，以及它是否必然由社会建构，或者如罗杰克（1994）所说，它们是否只是社会主流价值观的投射。从这个角度来看，任何逃离的想法都是没有希望的（Rojek，1994）。

作为表演的旅游业

或许，从表演的角度探索近几十年中休闲与旅游业的变化，是有效的方法。在此背景下，科恩（2010）引用了巴特勒（Butler，2008）关于表演性的研究，并指出身份建构是具体的表演过程，个体总是"在舞台上"和"在表演"。表演是仿效"身份"的方式，或者正如贝尔（Bell，2008）所说，性取向、社会性别、种族和年龄等身份的行为方式是表演出来的，因为它们通过"成为"某一身份的过程达成了一致。可能有一些形式的旅游业［见科恩（2010）对"生活方式旅行者"的讨论］，比其他形式更明确地体现了"真实"身份建构的各个方面，并由此显然证明了至少就旅行者本身而言，他们渴望有一个"真实自我"。然而，普遍观点是，在体验型社会中，无论身份问题多么片面并具有表演性，它都更紧迫、更持续性地成为日常生活的一部分。自我可能不会像过去那样完整，但在当下，这并没有让它变得不那么紧迫。事实上，在充满不确定且四分五裂的世界里，自我成为日常体验的核心元素。正如琼斯（Jones，2019）所言，表演是一种常态，游客们渴望在城市中看到自己，就像他们渴望看到城市本身一样。在体验型社会中建构自我的需求已经常态化，所以更容易满足消费资本主义的迫切需要。

就在此时，我发现自己身处一个特殊的位置，坐在私人"写作静修"庄园中的一个小教堂里。当我向朋友和家人说明要去哪里"写作静修"时，我会把这个地方称为"魔法森林中的教堂"。在这里的体验与我对它的期待息息相关。当然，这个森林并不迷人。我这样叙述故事是为了让我感到舒心。住宿条件本身是相对简单的。它的价值在于我如何体验：作为创作自我得以实现的地方，在那里我将写出匹配"我的"魔法森林的魔法文字。正因为认识到这种体验的特殊性，旅游业产生了一套特定的价值观（参见McCannell，1989；Sternberg，1999）。就这一点而言，有趣的是麦坎内尔的观点，即产品不仅是产品，还是达成体验目的的手段："目的是积累海量的反思性体验，它将幻想和现实综合为巨大的象征体系、现代语言"（1989：23）。然而随着时间的推移，这些反思性体验的本质是否被强化了呢？如果产品的角色（例如酒店）与其解释之间的平衡，或者相信自己可以随心所欲地体验自己认为合适的产品的能力，已经被重新调整了呢？这是否为更具说服力的消费资本主义开辟了空间？

现代文化的特点是，它为个人提供了空间，让个人能对所提供的文化体验背后的商业现实做出自己的评估（McCannell，1989）。文化生产的过程并不是简单地将社会生活的模式或版本储存起来以供消费。事实上，文化体验是社会价值的生动表达，或许最重要的是提供了经济价值。麦坎内尔引用了职业足球运动员的例子，只有在作为供人消费的文化"产品"时，他们才具有实际价值。这一点在当今的英超联赛中得到了体现，在当今世界，顶级球员的周薪高达30万英镑。这样的天文数字是合理的，因为英超联赛具有供人消费的独特魅力。

例如，在一百年前，英格兰职业足球的球迷只能简单地享受比赛日。这样的体验大概比今天更加地方化。球员通常是在当地招募的，比赛也主要由当地报刊报道。但这种情况逐渐改变，很快职业足球在电视上找到了自己的归宿。到了20世纪80年代，《每日比赛》(*Match of the Day*)已经成为英国电视上的固定节目，而每年的足总杯决赛早就已经有现场直播。足球在很大程度上涉及国民消费。然而，到了21世纪20年代，情况又发生了很大变化。英超联赛和冠军联赛让职业足球进入了全新的赢利领域。结果是，我们体验它的方式远离了它的本源。足球成了一种旅游产品。来自其他国家的支持者对前往英国观看英超联赛已经习以为常。除此之外，得益于互联网和社交媒体，足球消费一直在持续（参见第七章）。

从某种意义上说，我们享受足球的方式变得越来越远程。要支持一家俱乐部，你不必是当地人，也不必详尽地了解最近一次转会窗口时发生的事情。足球是全球性的，但它也成了一种不同的体验。这一体验显然更多是个人选择，可以采取比过去更多的方式（例如，看比赛，打造自己的梦幻足球队，在电脑游戏中管理球队，在推特上谈论球队经理的能力或其他方面，关注中锋球员的推特，打电话到体育电台并参与全国性的球队讨论）进行体验。这种体验可能不那么直接，却更即时。它并没有比过去更真实、更可靠。事实上，你可以说，它明显不那么真实可靠。不同的是这种体验感觉起来更即时。足球是"休闲"的，所以每个人都通过自己的镜头享受足球。它包含的强度至少掩盖了一个事实，即我们的消费内容基本上是由媒体筛选出来的，其目的是使球赛的利润最大化。就像麦坎内尔（1989）可能会说的那样，如今的足球许诺了更多和更高质量的体验。他的论点（尽管早在 20 世纪 80 年代）是，实际上这一过程让劳动者与"他自己"对抗，使他被迫在工作和文化之间建构自己的综合体，只有在这种综合体中，才能找到某种人性的表象。这一观念很有趣，即我们正在以某种方式寻找自己的人性。这里的难题是，我们越是追求这种人性，就越依赖从我们手中夺走人性的存在物，即消费资本主义。

消费景观

如果说英超足球是什么的话，那一定是一场景观。休闲让我们相信它能够通过景观化的过程改变我们：它让我们获得景观的体验，而这些体验似乎为我们提供了与日常生活完全不同的东西。我曾在第一章提到了克里尔和斯沃

特（2016），他们极其出色地研究了该问题。在发展德波
（1995）的景观概念时，克里尔和斯沃特认为，我们对社会
领域的体验被一系列闪烁的图像和表象左右，而这些图像和
表象分散了我们对日常生活的注意力。他们的论点是，景观
的消费需要付出高昂的代价，并且已经成为日常生活的特
征。事实上，资本主义已经摧毁了集体意识的本质。从这个
角度来看，我们借助休闲和消费追求的新型沟通模式和间接
联系，改变了原有的沟通和建立关系的方式。这里的重点
是，这种景观"提供了参与社会生活的幻觉，实际上却增加
了自我与他人之间的深层隔阂"（Krier & Swart，2016：21）。
正是通过这种方式，休闲表现为一场永恒的狂欢、一种生活
方式，但其实只不过是借助自我建构推销资本主义的舞台
（参见 Jensen，1999）。从这个角度来看，这种旅游形式是无
聊的消遣、不具感情的体验。在这个过程中，资本主义的力
量早已被遗忘，但却越来越强烈和紧迫。

克里尔和斯沃特随后提出了一个独特的论点，在美国，
斯特吉斯摩托车拉力赛（Sturgis）和纳斯卡赛事（NASCAR）
等赛车运动本质上是自我否定的，因为它们被再生产为可进
行商业开发的商品，这反过来破坏了它们作为文化形式的既
定地位。克里尔和斯沃特认为，斯特吉斯摩托车拉力赛和纳
斯卡赛事等景观，非但没有组建市场化享受的自由选择空

间，反而让那些本质上被动的参与者失去了活力。他们的观点是，这类活动的实际体验远比表面上看起来的更割裂。因此，参与者并没有享受体验本身，反而往往会因为寻找能代表体验的纪念品而分心，以至于"快乐不是源自购买奖杯的那一刻，而是源自在另一个地方和时间获得的剩余享乐"（Krier & Swart，2016：131）。你可能会说，这种解释削弱了我们生活在体验型社会的这类观念，因为我们可以想象自己处于体验式参与的巅峰时刻，这实际上更像是达到某个目的的手段。但这里的重点恰恰是，我们与这些事件的关系显而易见是体验式的。在这种经历中，我们可能会感到无聊和无精打采，但我们向自己保证，现在的体验意义非凡。在这个过程中，由于我们为这种体验的好处做了辩护，因此用于扩张消费资本主义的异化感将会加倍（Krier & Swart，2016）。享受美好时光是不够的：消费者需要证明自己在享受美好时光，而体验就是证明的手段。实际上，体验是这个时代的伪个性化产品（参见 Horkheimer & Adorno，1972）。

游轮和休闲的普及化

可以被认为是景观（但在某些方面很寻常）的体验型

消费的另一个例子是游轮。近年来，游轮旅游变得非常流行。在某种程度上，游轮直截了当地表明了消费是对地位的渴望。公众历来将游轮视为奢侈消费。在 30 年前，公众认为游轮是那些拥有充足经济实力的人才能享受的休闲方式。游轮花费昂贵且专有，我们大多数人只能梦想。但是这些年来，游轮已经，或者至少看起来已经普及化了。可以说，如今的游轮不是特权阶层的奢侈消费，相反，不同出身的消费者都有机会以各种形式体验"高端生活"（Kolberg，2016），比如以乐队和舞蹈为主的派对游轮，瞄准更挑剔的消费者的精品游轮，甚至是精心设计的尽可能让人感觉不到在游轮上的游轮。与此同时，一大批公司策划了廉价游轮，现已推向市场。但这里的变化不仅仅是谁能够参与消费体验。不出所料的是，资本主义已经找到了调整定价的方法，以此扩大市场。但在这个过程中，它也重新塑造了消费的意义。

游轮的吸引力在于它能够以非常省时的方式将乘客从一个地方带到另一个地方（Miles，2019）。然而，与此同时，在这些地方体验的本质必然会被稀释。从这个角度来看，游轮是社会建构的环境，它充当了"商品化人类互动的容器"（2019：5）。在推销体验时，这种空间发挥了作用，并由此满足消费者的情感需求（Goulding，1999）。通过游轮提供的背景，自我管理的可能性得以实现。因此，游轮成了体验型消费的理想空间，而不是单纯通过消费展示地位的场所。这里我要表明的是，游轮的流行可能是转变的另一个迹象，表明消费者在以一种更具体验性但也更具心理－社会主动性的方式，自觉地接触消费内容。实际上，消费者感觉自己"完全参与了生活"（Csikzentmihalyi，2002；Mitrasinovic，2006）。在游轮上，任何事情都是可能的。可以说，附着于游轮的是片面且短暂的自我发现，是随时都可能被带走的个人平静。但这种平静在到来前备受期待，而在到来后或许会令人遗憾。在这种意义上，这些形式的体验带来的乐趣，如前文所述，是有代价的。这种强烈的自我感觉处于被更持久的失落感和不确定性抵消的危险之中。正是这种张力加剧了消费者对满足感的追求。人们可能不会因为游轮而感到满足或自我实现，但这一愿景大概永远不会消失。

因此，游轮体现了向自主筹划旅游（或一种隐含着自由的旅游形式）转变的趋势，即消费者成为消费的"主体"或"产品"，只要体验允许个人通过游轮提供的背景建构消费主导的自我。这种体验有助于让消费者将寻求自我实现的需求持续下去，而这种形式的自我实现终归不能通过消费产生。事实上，它的成功取决于它的无能，它无法提供这种满足感（McGowan，2016）。正因如此，游轮乘客——其实就是消费者，他们抱着下次会更好的期待，不断地回来索取更多。因此，在他或她自己的戏剧中，个人既是演员又是观众。"他或她自己的"，即他或她"建构了它，在其中出演，同时也是仅有的观众"（Campbell，1987：78），所以个人对于发现自我的意识形态失败负有很大责任。实际上消费者体验了成为另一个人的感觉，或者至少能够通过体验提供的逃避，感觉自己可以是另一个人。但游轮是奢侈的逃避现实的方式，游轮一方面提供自我发现，另一方面却夺走它。游轮通过严格规定自我发现的路线，使自我发现不可能达成。我们并不通过我们是谁定义自己，而是通过体验的本质定义自己。这表明了消费世界将走向何方，以及旅游业在维持消费的世界中可能发挥的作用。

爱彼迎与自主筹划的旅游

支撑本章讨论的关键问题似乎是，在多大程度上消费者可以借助体验型消费逃离。然而，在这里，同样重要的是什么样的消费建构形式，使我们确切地相信可以逃离。爱彼迎作为旅游现象的兴起就是这一过程的明确体现。爱彼迎是消费者与旅游业互动方式最重要的变化之一，尤其是该公司创造了无所不在的、可靠的酒店替代品。从营销角度来看，该替代品明确关注消费者筹划体验的能力。瑞泽尔和尤根森（Ritzer & Jurgenson，2010）等描述了一种"产消合一"的感觉：消费者对自身体验的编排负责。瑞泽尔和尤根森（2010）承认生产和消费从未完全独立运转，但认为这反映了一个长期的历史趋势（另见 Tapscott & Williams，2006），即企业越来越多地让消费者参与生产，无论是在加油站加油，在超市扫描自己的食物，还是参与主题空间的表演和再生产（如迪士尼）。爱彼迎消费者比过去的酒店顾客更能掌控自己的旅游体验。

为了选择爱彼迎"家"，不仅需要线上搜索大量信息——因为选择范围会给消费者能否做出明智选择带来负担，如果你只是在找最便利的酒店，可能就不需要做那么多功课——而且还必须评价消费体验以完成整个流程。最成功的爱彼迎业主将他们的家展现得像客人自己的家一样，并且这一切就像是消费者根据自己的目的创建的体验，因而这不仅涉及消费者的解放，还涉及更复杂的合作生产形式的兴起。因此，例如，爱彼迎房客通常会收到一份"欢迎包"，其中提供了他们需要了解的住宿及相关服务的实用信息。通过这种机制，家庭成了自我管理的舞台。我对爱彼迎的亲身体验是在一所大房子里，业主在蜡笔旁放了一张打印好的房屋线条图，期望我作为合格的客人在图纸上填色，并将填色后的图纸贴在之前客人完成的图纸旁边：这是最大化体验的视觉展示。我确实这么做了，因为不这样做会背叛我自己的愿景，即充分利用宝贵的时间逃离。

所有这些都不只涉及住宿从功能到需求的转变，也不仅是为了让客人在网上查看房屋时能够留下美好印象。这也是为了让客人沉浸在体验归属感的温柔乡中。这是在给消费者提供道具，让他们可以利用这些道具筹划自己的体验，并让他们感受到自己是如何在履行义务时成长的。正如爱彼迎联合创始人兼首席执行官布莱恩·切斯基（Brian Chesky）所说，"这是深度沉浸在某人的内部世界……我们认为，这是一种完全独特的垂直方向，在今天并不常见……现在的旅行意味着成为外来者，进入公共场所的机会很有限……而这意味着成为内部人士并沉浸在社区中。这是一个深刻的转变"（Gallagher，2017：193–194）。不仅在如此短的时间内，这种沉浸似乎不太可能实现，而且关键在于，这种沉浸可能会让人觉得这已经成为我们的世界，但实际上这只不过是分散注意力的东西。此外，作为一家企业，爱彼迎受到了一定程度的抵制。许多城市都在努力对抗由"旅游污染"造成的巨大压力，同时有报道说爱彼迎正在破坏酒店业、住宿租赁业（McCurry，2018）。爱彼迎可能正在改变消费者，但是在这个过程中也改变了场所。

我在这里描述的一些过程无疑与加拉格尔（Gallagher，2017）描述的人际关系的普遍衰落和社会日益分裂有关。在这种社会中，我们逐渐被迫成为更孤独的存在。这不断使人们想起自己没有控制权，继而加剧了身处这个世界的不安感：在这个世界中，恐怖主义威胁迫在眉睫；在这个世界中，我们觉得自己需要归属感，并寻找实现它的新方法——贝克①（Beck，1992）称其为风险社会。然而正如上文提到的，值得怀疑的是，爱彼迎是否真的能提供这样的联系。也许相比于过去，消费者更愿意参加不寻常、更古怪且发人深省的旅游活动。但即使是这样，似乎也要付出相当沉重的代价：在这种情况下，消费者并不是因为遵从创造体验的义务而受到剥削，而是通过体验滋养的个人意识，反讽式地使自己受到剥削。然而，从意识形态上讲，这不是一条单行道。它实际上引发了许多担忧，这与里夫金（Rifkin，2014）的观点形成了鲜明对比。里夫金（2014）认为，向产消合一的转变是"资本主义的日全食"，表明旧的经济范式正在崩溃。如果消费者参与自己的体验，并以这种方式增强或确实改变了自我意识，那么消费资本主义的潜在控制力肯定会显著增强。它

---

① 贝克(1944—2015年)，德国社会学家，研究主要涉及"风险社会""自反性现代化"等问题。——译者注

将更能控制消费者，同时更能确保消费者受到与物质世界建立商品化关系的诱惑。向体验型消费的转变不仅强化了消费者自我探索的手段，而且也增强了消费资本主义利用这一过程实现利润最大化的能力。

结　语

邓恩（2008）指出，消费越来越多地意味着沉浸在快乐和体验之中。当然，这并不是说消费者过去没有发现消费是令人愉悦的，而是相比于过去，快乐的体验及其对自我感知的影响对消费体验产生了更关键的作用。斯滕伯格（Sternberg，1999）描述了这样一个过程，即展示自我的能力已经成为宝贵的经济（和文化）资产。在一定程度上，为了他们的观众，个人有义务展现自己以及通过消费获得愉悦感：

在当前这个神话般的时代，新型理性经济人的缩影是著名的整容外科医生。通过自我展示打造自己的名望，他不仅使自己获利，还能服务社会，为患者执行整容手术并开出抗抑郁药，从而帮助患者减轻恐惧、恢复

信心，缓解患者急于塑造市场形象的焦虑。（Sternberg，1993：82）

我想说的是，这是因为消费者背负的管理自身消费的责任持续增加。这让我们回到了戈特迪纳（2001）的观点，即当代消费者全身心地参与消费社会。这方面的一个例子是健身，我在第二章也提到了这一点。仅仅在街区里慢跑以消耗过量的进食已经不够了。我们需要被人看到，并感受到自己已经臣服于定义我们的健康机制。年轻男性保持完美身材的压力就是一个很好的例子。在健身房里锻炼不再是生活方式的一部分，它是一种生活，它定义我们。可以说消费方式定义我们的方式比过去更加深刻。接受这一点，使我们需要重新思考休闲与旅游业在维持并再生产资本主义时的力量。当代消费者渴望消费为他们提供娱乐和乐趣，并愿意为达成这一点打下基础，但这种方式直接影响到他们是谁或是什么，或许更重要的是影响到他们的感受。这是一个历史性的转变，休闲和旅游不再意味着某个地方被消费，而意味着个人消费另一版本的自我。而正是因为这些地方提供的匿名性，他们才能成为这个版本的自我。正如段义孚（1982：7）所说：

日常生活中充满了杂乱无章的细节，极度缺乏清晰度和完整性——像在断断续续的梦中一样，许多不确定的活动和投影不断扭曲、变形——这一切都不真实。相比之下，真实的是好故事、清晰的形象、意义明确的建筑空间、神圣的仪式，所有这些都给人一种高度的自我意识——一种活力的感觉。

我们得出的结论大概是，这一切都为受过良好教育、开明的人提供了做出独立选择的机会（Jensen，1999）。这里展现的其实是个人的解放，因此，消费者不再依赖社会背景或地位："从固定选择中解放出来的必然结果是，做出独立的个人选择是绝对必要的"（Jensen，1999）。但个人主义并没有它所标榜的那样好。它所带来的解放不可避免地会导致焦虑、自我怀疑和不确定性，而这种焦虑、自我怀疑和不确定性，正是我们认为个人主义应该抵消的。由于消费体验违反了日常规范，并且我们只看到消费体验好的一面，因此它们提供了一定程度的满足感（Wallman，2013）。但它们也带来了无限的压力和个性化的困境。消费主义向我们讲述的故事比以往任何时候都更引人入胜、更具沉浸感、更"真实"：我们被旅行地所定义。如果我们能负担得起旅行，那事实就是这样。我们是自身强度的产物，也是不断平衡的产物。我们要平衡日常生活的起伏以及对它们的解释，以此给自己带来自我认同感。我们过着紧张的生活，但是它永远无法兑现支撑紧张生活的承诺。因此，这种紧张终究是空虚的，疲惫的生活是最终的产物（参见 Garcia，2018）。体验型社会使这一过程持续下去，因此，正如霍克海默和阿多诺（1972）所说，消费者确实被迫对菜单感到满意。

体验型社会实施了前所未有的意识形态控制，在这一历史时刻，矛盾且具有讽刺意味的是，休闲与旅游业变得比以往更不关注个人。只要休闲和旅游业为我们提供了逃避，只要它们通过为我们编造故事而使我们发现和感受"自我"，只要这一切保持原状，只要它们可以通过新的伪装和体验重新构造并自我改造，那么我们就会离自己想去的地方越来越远，消费资本主义就会越来越强大。

第四章

▪▪▪▪

工作体验

　　体验型社会的特点是它似乎为人类提供了拥有当下、成为自己命运的主人、掌控一切的机会。在这一章，我会讨论工作，它或许是最纯粹的体验捍卫者。工作真的能给我们提供消费所不能提供的成就感和满足感吗？或者工作实际上也受到同一个商品化过程的影响吗？关于资本主义重塑世界的能力，并且让我们觉得自己正在其中发挥最大限度的影响，工作领域能提供什么情况呢？在本章，我将阐述这样一种观点，即所谓工作的"体验型消费"实际上是自我实现的幻影，在这之中，自我意识一无所获，且一再被掠夺。

工作与社会变迁

从某种意义上说，工作是社会学的雷区。长期以来，它一直是个人与社会关系的核心组成部分，反之亦然。但或许工作最有趣的地方是它隐藏这种关系真实本质的能力。弗利（Foley，2011）正是本着这种精神，认为过去我们工作是为了生活，而现在情况正好相反。对他来说，任何休闲社会的概念都是可笑的。工作就是一切。然而在支撑我们所处社会的权力关系上，工作比其他任何事情都重要。

在某些方面，工作在生活中的中心地位令人感到困惑。我们理所当然地嘲笑工作体验：工人们才这样做。我们最喜欢做的就是向同事抱怨事情有多糟糕，但与此同时，我们渴望工作带给我们的人际关系。也许下意识地，我们就把它视为寻找自我的工具。工作场所的权力关系根本不微妙（Weeks，2011）。由于（或许尽管）有这些权力关系，重视工作体验显然是正常的，或者至少看上去是正常的，好像它表明了一些与我们有关和对我们非常重要的事情。在不断发生变化的世界中，工作为我们提供了稳固的立足点。这样一来，它使我们相信，我们作为个人好像有着某种控制权：

　　　　和家庭一样，工作场所通常被视为私人空间。它是

一系列个人契约的产物，而不是社会结构的产物，是需
求和个人选择的领域，而不是行使政治权力的场所……
由于工作从属于产权及其物化和个性化，将工作视为一
种社会制度——即使它的私人地位可能更脆弱——像多
数人从结构上构想婚姻和家庭一样异常困难。（Weeks，
2011：4）

　　这就是权力运作对生活的影响。工作使我们融为一体。
它将我们定义为公民和挣得归属权的养家糊口者。然而，我
们与工作的联合体现了作为个人取得成功的愿望，并且确实
与有偿工作联系在一起。而有偿工作与个人或社会财富关系
不大，更多的是私人对剩余价值的占有（Weeks，2011）。工
作界定了归属的能力，或者它至少与消费对抗，竞相成为获
得归属的主要手段（Bauman，1998）。鲍曼谈到了工作如何
成为身份建构的终身动力，以及工作场所如何成为社会融合
的主要场所。然而，在一个消费主导的社会中，工作伦理显
然被消费美学所取代。这实际上涉及消费与工作的协调，这
意味着我们为了满足欲望而依赖产品，也意味着我们更依赖
雇主提供的工资（Cremin，2011）。对于鲍曼来说，贫穷不再
由失业定义，而是由消费或体验消费的能力定义。正如我在
第二章提到的，"失能的消费者"被苛刻责任固有的挫败感定

义。这种苛刻责任要求个人感受并展示归属感，但在没有足够资源的情况下，"失能的消费者"无法做到这一点。在这种情况下，随着工作变得不那么重要，而归属感变得更加重要，甚至可以说它成为一种心理消费形式。换句话说，工作体验是一种商品，它表明了我们在多大程度上能满足消费社会的需求。工作成为另一种表达归属感的方式。我们依赖它、体验它，竭尽所能地从中榨取。这都是因为我们有足够的特权这样做，因为它支撑着我们在社会中的自我意识。在这个社会中，我们展示的自我界定了我们是谁。然而，我们越是寻求工作可能提供的庇护，显然就越无法获得如此渴求的个性。

工作的社会学切入点

长期以来，工作与消费之间的关系一直是重要的社会学问题。兰塞姆（Ransome，2005）认为，社会类型从工作主导到消费主导的普遍转变，意味着个人的社会地位和社会取向如今更多的是广义身份概念的产物，因而不再如此依赖职业。这一转变的有趣之处在于，在消费主导的情况下，我们理解个性时的限制远不会像过去工作主导时那么难以改变。这意味着，尽管工作仍然是决定我们是谁和是什么的重要因素，但在这方面，工作的地位没有那么强的排他性。但也许更切题的是，劳动者对工作的实际看法已经发生了变化。因此，可以说现在人们更加强调工作是一个潜在自治和令人愉悦的领域。从这个角度来看，工作已经转变为舞台，自我可以在其中谋求某种程度的满足感（Ransome，1999）。因此，兰塞姆认为，尽管许多工作本身就没有创造性，但是工作体验的氛围、在工作中发现真实"自我"的决心，可能越来越萦绕在我们的脑海中，从而使工作与非工作之间的界限也在变化。这反映了新个人主义的兴起。在这之中，自我已成为后现代性的新对象（见第二章）：这种事态不仅仅是关于消费取代工作，成了最重要的身份认同因素，更是在强调消费在认同时强化了我们对工作的承诺。

工作将我们与所生活的社会联系在一起，同时工作也体现着社会正在发生怎样的变化。这里的重点是，社会的发展与个人对社会的承诺密切相关，因为个人认识到社会允许自我存在。威克斯（Weeks，2011）回顾了韦伯（2002）在阐明工作体验中作出的贡献，并由此表明了工作在个人延迟满足和为维系自我发展而保持自律方面越来越重要。实际上，"生活"及其丰富的可能性服从工作的纪律要求（Weeks，2011：48）。当然，韦伯（2002）认识到工作伦理是个性化的力量，或者至少我们觉得是这样。正因如此，它为剥削提供了基础，也为广义的不平等提供了基础（参见 Weeks，2011）。更重要的是，你可以说这样的过程促进了我们对工作的顺从性。工作可能属于体验领域的观念进一步加深了这种怀疑。这种观念让我们相信，工作是我们自己创造的，毕竟我们可以通过工作提供的镜子建构最好的自己。然而，事实上，由于工作要求我们可预知并顺从，我们所能做的只能是在其中迷失自我，甚至越来越无法掌控我们渴望的自我。因此，我们与工作的关系非常令人不安，甚至令人困惑。可以说，工作为我们（或者至少是为一些人）提供了越来越多的机会，让我们能发挥创造性，并通过同化情绪能力的方式参与到工作中。但是，接受这一点就意味着我们依赖系统，而这个系统反过来又依赖我们自我的丧失，进而营造出劳动者是再生产资本主义制度的最佳人选的氛围（Weeks，2011）。

理查德·森尼特（Richard Sennett）或许最有效地阐述了工作本质的变化对自我带来的影响。早在 1998 年，他就指出，在资本主义时代中，尤其是它带来的风险和不确定性，导致了个性和体验之间的冲突。对于森尼特来说，不确定性交织在资本主义的日常体验中。对于他来说，这里发生了转变，过去关于延迟满足的工作伦理，现在却变得越来越自我毁灭，并且自我约束被一个以不断变化为特征的世界所取代。因此，对于个人来说，这几乎是不可能的挑战。当持续受到资本主义重塑的不确定性影响时，个人就会缺乏控制自己的机会。从这个角度来看，无论你属于哪个阶层，由于我们依赖赢家通吃的市场心态，失败的体验都变得越来越普遍。在这种情况下，围绕过去建构叙事比围绕未来更容易。因此，我们的工作体验无非是活在当下；共同（通常是负面的）回忆过去的当下。在贝克（1992）所说的"第二现代性"中，这种过"自己的生活"的倾向，以及由此产生的建构"个性化意义视野"（1992：53）的冲动，带来了更深远的影响。而这一切都是人类成为自己生活的书写者的历史沿革的一部分。当然，这也带来了相当大的不确定性，或许在工作场所中感受到的不确定性最为强烈。这在一定程度上是系统性的变化，在这种变化中，由于短期就业合同带来的不安全感，以及由此带来的社会和经济两极分化的威胁，组织和个人之间的关系已经被损害。

贝克（2000）进一步探讨了上述主题，他描述了新型工作领域内在的不明确性，并指出这种自由是有代价的。他认为，个人可以追求毕生的传统工作领域已经成为过去，取而代之的是不稳定、技能贬值和福利退化的世界，一个充满风险的世界。这里的问题可能是，工作在人们生活中的地位急剧上升，以至于它已经成为现代社会的"核心价值观和整合模式"（Beck，2000：11）。正如上文所指出的，这种转变的核心是工作的个性化：远离了工作的标准化，而这主要由技术变革和网络的无疆域互动性激发。这实际上意味着更"灵活"的工作体验。我们可能会认为这其中的某些方面是正面的：许多工作形式显然受益于更灵活的工作政策，这些政策让员工能灵活支配工作时间、选择工作地点，因此被认为使工作与生活更趋平衡。然而，现实并不像假设的那样明确。

确实有证据表明，将工作体验个性化的做法，实际上加剧了工作压力：出于对拥有更多自由的感激，顺从的员工往往会在所谓新型灵活办公中更加努力地工作。这通常是因为员工觉得他们必须更加努力地工作，以应对工作无保障的危机（Kelliher & Anderson，2010）。正如蒂茨和马森（Tietze & Musson，2010）所说，在家工作可以创造条件，让员工从有助于稳定自我意识的工作体验中获益。过去的工作不一定会像现在这样贬低或剥削他人（Pettinger，2016）。非全日制工作和更灵活的工作安排的增加，如在家工作或弹性工作，在一定程度上，未必是一种解放。但我们确实知道，在文化的真空环境中，工作体验中的这种变化并不存在。相反，它们植根于更广泛的社会关系中，在这种关系中，消费和消费自我深深地牵连在一起，可以说人类既是被商品化的劳动者，也是被商品化的消费者（Pettinger，2016）。这些自由大多是阶级特有的，既有破坏的潜力，也有稳定的潜力。

但这一切与体验有什么关系？更具体地说，与体验型社会的兴起有什么关系？想一想像我一样在大学工作意味着什么？大学讲师当然是最幸运的劳动者之一，尤其是考虑到他们显而易见的自由以及可以自我管理的自由，更不用说探索学术激情的空间了。学术界可能会是体验型职业的终极例证，因为它为学者提供了自由，让学者成为自己想要成为的人。但这并不总是那么简单。学者们是一群心怀不满、永远愤怒的人。他们对自己工作体验的评估往往是非反思性的、直言不讳的，他们一直认为自己业余时间不足，投入工作的时间过长，这种循环的绝望感永远不会结束。有趣的是，这种痛苦被个人化了，好像其他人并不像他们一样体验过这种感觉。默认立场是怀疑官僚主义，同时很多人都会认为这个职业的报酬相对较高，并且在创造性活动中的地位较高。但是，学者和许多其他专业人士一样，体验着个人化的无助感，而这正是森尼特（1998）分析的核心："在现代资本主义的语境中，这是性格问题。这里有历史，但没有共同困境的叙事，因而也没有共同的命运。在这种情况下，性格会被腐蚀；面对'谁需要我'的问题，没有直接的答案"（1998：147）。从某种意义上说，在官僚环境中，很容易得出个人完全迷失的结论。因此，问题也许不在于工作体验的实际情况，而在于在官僚背景中对工作体验的看法。资本主义对劳动力漠不关心。由于当代工人必须学会承受不稳定性和碎片化，市场软实力的煽动性影响越来越强；因此，工作体验是个性化的，尽管这并非总是像我们想象的一样正面（Tweedle，2013）。

渴望更充实的工作只会加剧这种状况。事实上，对工作的任何满足感都必然是短暂的：在这种满足感中，我们说服自己，我们已经能开辟出成为真我的道路。这一章不可避免地让我反思了自己的工作体验。最近，我发现自己对职业生涯非常满意。然而具有讽刺意味的是，由于害怕破坏现状，我有点儿意识到自己在工作场所中不能表现出这种快乐。这是因为表现出快乐，会违反学术界的习惯，并威胁到我在其中的地位。劳动者可任意处置。当然，资本主义一直都是这样，但这一切变得更加个人化（Sennett，1998）。工作体验的无形性使我们越来越难以想象自己的归属感。职场体验可能不那么压抑，但那是因为它的压抑已经演变成了更微妙的东西。无论管理自己和时间的自由度有多高，我们都不再知道自己的立场，也不再知道自己是否被需要。我们完全受制于命运的种种捉弄和折磨。更好的工作，或者说更体面的工作，只是体验的遮盖物，可以保护我们免受日常工作不确定性的冲击。

新型工作场所

也许，至少在某些方面，工作发生的最明显变化体现在建筑上，或者说体现在人体工程学上。从某种意义上说，资本主义或其宣传者已经意识到促进劳动者幸福感带来的经济效益。当然，许多工作场所故意突出个人体验的可能性。为此，博格斯等人（Borges et al.，2013）讨论了工作场所设计的历史，并认为赋能的心理成分已经逐渐深植于当代工作的职位描述中。可以说，这建立在福特主义现代性的基础之上，在这种现代性中，以工厂为代表的工作场所的关键特征是效率。办公室与服务经济的重要性相继增长，而这加剧了人们的异化感和不安感，直到后福特主义时代的到来，工作变得更加无常。企业的新保卫力量已经成型，它们选择为员工提供"跳出框架思考"的环境。事实上，

> 将工作体验转变为社会体验——和同事们组成第二个家庭，办公室成为另外一个家——是雇主重新构造我们对工作的看法的战略工具……由于考虑到员工与个人生活隔绝时可能产生的沮丧，新的办公环境巧妙地调整自身，以填补这些心理和社会空白。（Borges et al.，2013：4）

　　据说，这种空间的重点是创造力和个性化自由：为员工提供一个空间，在这里，他们能更好地平衡所做的事与想做的事、想成为的人之间的差距。为此，博格斯等人对脸书（Facebook）等公司的工作场所设计带来的解放性益处大加赞赏。脸书一直在努力模糊工作和玩乐之间的界限：例如，鼓励员工创作作品并在墙上涂鸦，在某种程度上反映他们的线上行为模式。这些都是刺激体验的场所、成人游乐场。在这之中，人类的想象力显然是不受限制的。相似的是，谷歌的伦敦总部提供了集体客厅，鼓励员工与同事建立有意义的关系：这里提供的是一个工作与家庭相结合的舞台（Borges et al.，2013）。但令人担忧的是，当你身处工作的个性化和生活的个性化普遍重合的场景时，社会本身就有解体的危险（Beck，2000）。工作体验的表层变化可能会告诉我们更广层面上社会变化的黑暗面。为此，贝克（2000）引用了卡斯特尔（Castells，1996）的话，他有先见之明地指出，"在网络社会的条件下，资本是全球协调的，劳动是个性化的。资本家和工人阶级之间各式各样的斗争，被归为资本流动的基本逻辑和人类体验的文化价值之间更根本的对立"（1996：476）。

　　因此，网络社会是新的发展模式。在这种模式中，资本主义生产方式围绕着信息主义进行了重组。在这种背景下，生产、体验和权力之间的关系被重新调整。对于卡斯特尔来说，生产就是为了经济和社会目的而占有和消费自然；体验是人类为了满足需求和欲望的永恒追求；权力是生产和体验之间关系的产物。因此，某些主体不惜牺牲其他主体，用暴力、物理或象征的方式强行实现自己的意志。卡斯特尔关注的是网络社会中的性别关系，因而他对体验的理解与我略有不同。然而，特别有趣的是卡斯特尔的观点，即这个新时代的特点是"知识对知识本身的作用，是生产力的主要来源"（Castells，1996：17）。卡斯特尔认为，强调知识以及技术产生知识的能力（参见第五章），促成了知识在所有社会行为中的传播，从而构成了新形式的由网络主导的社会互动和社会变革。

就工作而言，所有这一切意味着，随着时间的推移，工人已经通过技术（例如，通过自动化）获得了更高的效率和灵活性。因此，工作场所更加分散（例如，通过分包、外包和定制），工作本身的体验也变得越来越个性化。然而，为了成为看上去更具活力的劳动力，工人所付出的代价是实际上变得更脆弱、更没有保障。网络社会具有创新性和无时间性：资本和价值的产生具有极大的灵活性，并围绕着资本流动的元网络进行，"在这个网络中，所有资本在牟利的商品化民主中都是平等的"（Castells，1996：503）。你可以说，在这本书的语境中，随之而来的个人主义和体验的强化完全是虚假的，只不过是将利润最大化的手段，并在这个过程中分裂、分割和断开人与人之间的联系。资本在超空间中蓬勃发展的同时，劳动者的集体身份在个人职业发展的阴影下消散。

这让我们回到第三章，在那里，我提出了休闲社会显然无法实现的前景。贝克（2000）认为，新的工作环境可能会在主动的员工和被动的员工之间造成基于阶级的深刻裂痕。休闲之所以是休闲，是因为它只为自己而存在。但是这种情况到底有多严重？休闲，以及休闲所隐含的体验型社会，是一种逃避吗？如果工作不再是我们过去理解的那样（如固定的有保障的有偿工作），那么体验型社会为我们提供的体验是否合理？它们能在多大程度上让我们成为真实的自我？

也许最好的方法是把工作当作消费场所，而不是生产场所。森尼特（2006：137）的作品探讨了这一观点，他认为消费激情是一种"因自身的强度而燃烧殆尽的激情……在这里，抱有期待时的想象力最强，在消耗中逐渐变弱"（2006：137）。对于森尼特而言，工作在将这种消费激情从本质上被动的东西转变为更主动的东西方面起着关键作用。工作的特点是不断的变化和个人的斗争。这是持续不断的官僚主义独创力，反映在它所创造的个人对自我的改造上。灵活的组织越来越需要灵活的技能组合，从而创造出一种个人成就和掌控自我消费的氛围。因此，森尼特描述了更普遍的情况，即品牌和影响力变得绝对必要。品牌成了目标，它掩盖了同质性，放大了细微差异，使表象成为一切。数字世界尤其鼓励了个人"策划"自我。个人有效地投资网络关系，或许是自私自利地，为了获得专业声誉的好处（Gandini，2015）。这样，自我本身就是一种商品。但这里重要的是，有激励作用的不是产品的消费，而是不断更换产品的机会（Sennett，1998）。我们消费工作就像在 20 世纪 80 年代消费索尼随身听一样。它让我们有机会进入充满可能性的神奇世界，放进机器的下一盘磁带承诺让我们获得完整的幸福感。可以说，消费者实际上已经意识到，自己不仅需要对菜单感到满意（Horkheimer & Adorno，1972），还需要一些东西。但是具有讽刺意味的是，无论个人怎样努力尝试，无论在生活的哪个领域尝试，最终的结果都是挫败：

> 在《资本论》开头几页，对商品拜物教的与众不同的分析，与马克思的名言"一切等级的和固定的东西都烟消云散了"同等重要。对于马克思来说，那些被赋予人类意义的平凡事物都栖身在个人博物馆里。在这里，消费者的藏品越来越多；消费者不断囤积财富，其目的

是积累。消费者最不想放弃的是已经投入大量精力的物品。现在……放弃一件物品并不是一种损失。相反，放弃寻找新刺激才是一种损失——这些物品特别容易被放弃，因为它们基本上都是标准化的商品。（Sennett，2006：150）

工作是劳动者需要的新兴奋剂。但是如果物品还未普遍消亡，这种需求就不会出现。森尼特（2006）以 iPod（它本身已经过时了）为例，证明了我们与物品之间的关系已经改变。iPod 的吸引力在于它能够为消费者提供的音乐比他们可能需要的更多。通过这种方式，iPod 成了强大的产品，它的能力极大地扩展了消费者的潜力和体验，而这在随身听时代完全无法想象。更令人感兴趣的是，iPod 基本上是作为空白产品卖给我们的。在这种情况下，技术迫使我们通过下载内容对 iPod 进行伪个性化（Cremin，2011）。由于机器所暗示的无限个性化的可能性，以及它将我们从日常生活的常规和约束中解放出来的能力，消费者被激发了。对于森尼特而言，当代消费完全是表演：物品的演变激发了消费者的欲望和能力，这些欲望和能力不仅能支撑自我意识，而且的确能扩展自我运作的边界。工作成为这种思维方式的焦点。它本身就成了一种消费形式。这实际上是一种自我消费，工作不是为了达到组织目标，而是为了超越个人目标。工作不再是为了保持平衡，而是为了被激发，并在这个过程中发现自我。当然，这种情况必然取决于个人从事的工作类型，以及该工作允许个人有多大程度的回旋余地。在这一方面，选择的能力并不普遍。就像任何其他体验一样，工作涉及阶级、教育和特权。

工作的未来

在进一步思考这一切如何影响我们对工作体验的理解之前，我想更深入地探讨一下前文讨论过的观念，即工作的未来会彻底变革。从某个角度来看，工作领域正在模块化；模块化带来了孤立、排外和自恋。格拉顿（Gratton，2014）认为，模块化的问题在于，它削弱了劳动者和工作场所的能力，使其从不熟练的多面手转变为某一工序的熟练工。这里的关键是玩乐在工作中的作用，在一个日益紧张和高压的工作环境中，模糊工作和玩乐之间的界限对于自由且有创造性的工作至关重要，然而这一机会可能会逐渐丧失（Gratton，2014）。正如我在上文中提到的，这一过程通过技术创新得到了强化。技术创新似乎可以简化任务，但也有可能使我们的生活支离破碎，尤其是在持续联网的世界所创造的需求的影响下。格拉顿把这一过程总结为从充满激情的消费者转变为贪婪的生产者。从这个角度来看，在工作中，一方面需要关注个人化的自我，另一方面需要维护真正强大的与自我不完全相关的工作网络，而在这两者中保持平衡的能力将决定工作是否人性化。

通过工作构建自我不是一个孤立的课题。弗利（2011）思考了这一事实，即工作体验实际上建立在罪恶的回报之上，这一回报在牺牲的自由、不懈关怀的假象和对工作场所设定需求的满足之间。弗利描述的工作领域是建立在社交网络基础上的自给自足的村庄。在某种程度上，由于工作的体验为我们提供了一幅画布，或许是一个保护罩，在其中可以培养某种不受束缚的自我，因而它对我们的生活如此重要。但是这里的问题在于，我们在工作场所为自己构建的自我是简化的：这个自我通常是为同事创建的。正如弗利（2011：168）所说，"问题在于向团体屈服时身份的丧失——面具已经融入了面部"。事实上，在工作场所中，我们隐藏了自己的真实感受：在工作场所中发现自我的同时，我们也失去了它。我们身处在网络之中，但这样的网络是病态的。它们往往本质上是片面的，并且把我们和其他一样努力工作的人联系在一起，更可能让我们相信自己工作不够努力。

即使是那些优先考虑幸福和心理健康的倡议，也是建立在组织对员工的量化管理上的，因此该组织对这些需求做出的响应越多，其员工的个体化程度就越低。这里的担忧是，当代工作场所在这方面的控制水平已经达到了新高度。正如穆尔（Moore，2018）所言，当代工作场所不仅以提高灵活性为由，试图量化并以此控制员工的身体和精神，实际上还在以同样的方式对待员工的情绪体验，以至于工作的个性化特征确实被加强了，但只有通过这种方式，对于工作不稳定的焦虑才会逐渐浮出水面。

格拉顿谈到了新型工作形式带来的选择自由。这些场所为劳动者提供了积累各种社会资本的机会，而这可能会让我们的职业生涯不那么动荡。对他而言，事情并不像看上去那么糟糕。他认为，成功和竞争对工作的影响已不像过去那样大，并且工作越来越受到更具包容性的社会资本的影响。在这个世界中，赚钱和取得地位已经不再是证明自己的重要手段，个人可以不那么拘束地自由体验，如与同事交际和互相指导。因此，金钱只是工作体验广泛布局中的一个元素。在这里，自我既给予也接受："在传统的交易中……购买行为决定了我们在所处社会中的身份。但是随着面向未来的交易出现，我们的工作可能会更不取决于消费内容，而更取决于我们所创造的体验"（Gratton，2014：311）。

　　这里强调的是工作体验的创造，而不是它们的消费，这一点很重要。预见这样一个未来可能颇具诱惑力，在那里，工人不仅因身处支持工作法案的环境而得到解放（例如，有机会休息一下去打乒乓球，或在色彩鲜艳的沙发上给自己一些思考时间），而且在实际工作中得到解放，从而使个人不再受所分配任务的狭小范围的约束。格拉顿（2014）认为，如果我们能更深入地琢磨工作，使约束自身成为优先事项，并由此使工作变得更有目的性，那么这样的未来是可以实现的。这是有吸引力的前景，但是它没有充分考量这种转变发生的意识形态背景。在某种程度上，问题在于"体验"一词不可避免地意味着选择的自由、控制源，而且永远无法以个人和消费者可能想象的方式发挥作用。简言之，这种自由是虚幻的。这种自由看似让人享受更均衡、更充实的工作时间，实际上充满了妥协。资本主义正在重塑工作，这不是因为它要解放劳动者，而是因为它要让劳动者感到自己可以是自由的。我们越是追求均衡的工作体验，自我就越处于认识工作场所的核心，我们就越是注定成为体验型社会的玩物。

　　作为体验的工作对生活产生的影响可能很深远。社会变迁是令人神往的。因此，兰塞姆（1999）批评了麦坎内尔（MacCannell，1999）以及其他关注社会急速变迁的理论家的研究，他认为他们过分夸大了生产活动减轻剥削的程度。具体而言，兰塞姆担心的是，理论上的突发奇想和风潮开始将工作视为"伪装"和自我表达的方式。然而这只是更多地表明了理论家证明后现代观点的决心，并没有真实展现工作领域的变化（Ransome，1999）。正如兰塞姆（1999：242）所说，这里的要点是，尽管愈发灵活的工作可能有某种含糊的普遍意义，但这种灵活性实际上是由劳动者提供的，他们让自己更有空并愿意在过去无须工作的时间工作。不可避免的是，完成这项工作的必要性远比谁来做重要得多。劳动者可任意处置。因此，工作的未来可能仍然是异化的。当然，正如我已经承认的那样，虽然有许多有创造性、有成就感和有回报的工作，但是许多人（特别是许多边缘化群体）不可避免地被剥夺了这些工作机会。

在这一章，我试图确立这样一种观念，即在工作场所中看到的未必是你能得到的。而且在最近几十年里，工作场所已经成为一种特权意识形态空间，以此再生产消费社会。让我们思考一下，工作场所作为一种体验，它相对脆弱的地位是如何维持的。一种答案是，我上面提到的所有不安全感和不确定性都是，正如索斯伍德（Southwood，2011）所说，"人为维持的"。从这个意义上说，作为体验的工作的全部表现就是一种心态。这种永远不稳定的感觉在我们面前呈现为无法改变的、社会变迁的必然结果。据索斯伍德说，我们陷入了茫然的无所作为的模式：我们被告知，工作领域是充满了可能性、选择和自我营销的无穷仙境，而世俗的现实更可能充满了重复的场景、挫折感，并且职业发展总是超出我们的能力范围：

> 这种思虑会将注意力从更普遍且抽象的社会或政治问题转移到频繁引起焦虑的自我监控上。由于依赖不断更新的由市场主导的技术和数字媒体滚动的影像，因而持续的不稳定性和令人不安的流动性不断加重，这一切表明了文化的停滞、毫无进展的人口流动。后果就是狂热的无所作为，陷入无休止的惯性循环。（Southwood，2011：11）

这一点有双重意义。首先，人类是这一切的同谋。我们全身心投入这个充满不确定性和不安全感的世界，这一点很清楚：我们与这样一个世界的日常现实做斗争，但是无论对它抱怨多少，我们通常是顺从地、不加批判地接受它。其次，工作场所作为体验式自我探索的舞台的出现是一把双刃剑。人们希望劳动者能咧嘴一笑，忍受当代工作场所的压力，同时不管感到多么紧张和焦虑，也要安慰自己事情并不是那么糟糕。毕竟工作比过去好，不是吗？在经济合作与发展组织（OECD）成员国之中，与工作相关的心理健康问题显著增加（Tweedle，2013）。人们的期望是，劳动者应该轻松应对。问题是，工作的个性化实际上正在降低他们能够做到这一点的水平。

结　语

30 年前，在学生假期期间，我在家附近的上门送餐的工厂工作。上门送餐就是将热饭菜送到不能自己做饭的老年人手中。在工厂的经历让我大开眼界，其中一次经历至今仍历历在目。我在生产线上工作。我会站在那里，手里拿着冰激凌勺，把一些豌豆放进经过的铝制托盘里，里面已经装上了前道工序的其他食物。有趣的是（尽管当时感觉不是特别有趣），工厂员工是如何自我管理的。随之而来的是高度竞争的氛围，这确保了生产线上的员工会不断超越他们的同事。为了实现这一目标，他们会制作比竞争对手更多的食物。他们并不觉得这是管理层强加的竞争，而是觉得这更关乎员工的尊严。我可吃过苦头，无论以何种方式中断生产线的顺利进行的工人都将遭殃。他们有效地合谋，使日常工作变得冷酷无情。竞争的虚假兴奋象征着他们是参与了这一过程的共谋。

　　毫无疑问的是，这样的工作环境在全国范围内仍然存在（当然，在世界上的一些地区比其他地区更普遍）。这样的地方比博格斯等人（2013）描述的未来主义工作场所还要多。然而，工作场所发生了很大的变化，如今的工作场所无疑更加看重个人体验。例如，在英国，关于健康和安全、无意识偏见等方面的立法确实促进了有益的变革。然而这里的重点是，尽管这话可能很多余，工作仍然是工作。而工作场所的个人化，对于有足够特权体验它的劳动者来说，不可避免地只会掩盖这一事实。工作场所已经被重新定义为——至少属于不稳定且不可预测的零工经济的一部分——供个人探索的地方。但这样的探索只会增强资本主义的力量，让员工的共谋持续下去。

　　工作是体验型社会的主要舞台之一。然而，体验对工作场所的影响也证明了一个重要印象，即这样一个社会带来的好处必然是片面的：换句话说，体验的可获得性以及消费者在构建自我时使用这种体验的能力，一如既往地被消费者所处的社会、文化和经济环境削弱。即便如此，它也只是扩展了劳动者被剥削的方式。在这个与抱负和自我探索紧密相连的世界里，我们仍然被灌输了一种观念，认为满足工作体验是一种权利，而无法获得这种工作会让人感到难为情。我作为有特权的劳动者坐在这里。我安全地坐在沙发的舒适区里，不受办公室的干扰，度过了富有成效的工作／写作日。我更像我自己，因为在写作时，我感觉能找到自我。但我是谁、我是由什么构成的，并不是我自己创造的。它是解放我但又束缚我的世界的产物。

所有这些都像是海市蜃楼。工作场所不能满足我们的需求，因为它首先要满足资本主义的需求。我们所处的世界制造了不寻常的事态，在这种事态下，我们从试图逃离工作（如20世纪60年代和70年代的工人斗争所展示的那样），转变为我们身份的核心被工作和最大限度工作的能力定义（Berardi，2009）。贝拉尔迪在这里指出的转变是，过去工作是通过等级制度强加的，劳动者为了换取工资而执行明确规定的任务。而现在，工作场所越来越数字化和虚拟化，劳动成为更具差异性的心理过程。在目前的工作场所中，对于自我来说，高效的意义就不那么清楚了，也更难以应对。

日常生活让人感到更加疲惫和不适，感觉越来越不在个人的控制之下。工作是屈指可数的可行的逃避或出路之一，在这个为数不多的地方，我们觉得自己保留了作为个体的价值（例如，不受家庭责任所隐含的自我否定的影响）。这表明了，工作场所作为体验的重塑是更普遍的结构性变化的产物，在这种变化中，自我寻求慰藉，最终却进一步深化了资本主义原则，使劳动者被分裂并受到控制。正是在这个意义上，资本主义是一种心理状态。当代劳动者把自己推向了体验的火坑。如果谈及新型工作中最引人注目的元素，那么无疑是它已经变得如此无组织且去地域化，尤其是随着人们逐渐开始在家工作（Berardi，2009）。这让人感觉更具流动性、不那么等级森严，因为我们属于庞大且更抽象的整体。在这之中，网络依赖性将我们定义为劳动人民。简言之：

> 劳动的智能化既是生产过程的技术和组织变革的重要结果……也为自我实现开辟了全新的视角。但它也为资本的价值化开辟了全新的能量场……在经济型企业、生产劳动和商业之外，似乎不再存在欲望和活力。资本能更新其精神的、意识形态的和经济的力量，确切地说是多亏吸收了创造力，欲望，以及个人主义的、自由主义的自我实现动力。（Berardi，2009：96）

当然，承认工作体验的多样性很重要。如果说工作普遍令人厌恶，任何认为工作体验会随着时间推移而改善的劳动者都是妄想狂，那就太荒谬了。但这里的重点是，资本主义工作场所将我们置于工作体验的中心，提升了我们最大限度地融入资本主义实践的工作能力。

安德列·高兹（1999）认为，这样的社会变迁带来了希望，我们对身份的追求可能会减少对工作的依赖。我认为这是一个错误的看法。工作就是消费。重点似乎发生了转移，在 20 世纪末，消费跃升到象征身份等级的顶端，而在今天，工作场所重新对人们的生活产生了影响。为了做到这一点，工作场所将自己重塑为一个场所，劳动者可以在此找到消费自我并使消费自我更具活力。作为结语，我想强调一个观点：被强化的工作体验在很大程度上揭示了，当代的工作概念已经与我们通过消费过程增强自我的方式联系了起来。或许拉什（Lasch）最有效地阐述了这一点：

> 支撑大规模生产和大规模消费系统的社会安排往往会阻碍主动性和自力更生，并在工作和玩乐中促进依赖性、被动性和旁观心态。消费主义只是工作衰落的另一面——在生产过程中，游戏性和工匠精神消失了。（Lasch，1984）

也许我们在这里谈论的事态是生产和消费之间的界限逐渐变得更加模糊。也许拉什所指的旁观心态是对自我的旁观。换句话说，工作体验让我们能走出自我，以便在最积极的光线下感知我们是谁。无论正确与否，我都充分意识到自我运转的方式，以便构建特定版本的自我，以供同事"消费"。例如，我经常发现自己在与工作有关的社交活动结束后，琢磨是否因为放松警惕而袒露太多自我，并因此破坏了那个精心策划的自我。工作既是一种体验，也是一种表演，通过寻求两者之间的平衡，我们过着资本主义要求的生活。对充实工作的追求——这种充实只有作为体验的工作能够提供——本质上是对自我的追求。不仅如此，对于我们是谁，它变得如此重要。当我们在下午五点准时溜出办公室时，四处查看以确保没有同事注意到，然后我们会关上身后的门，而失去的感觉比以往任何时候都更持久、更令人伤心。这是我们所体验的最大损失。

第五章

■ ■ ■ ■

自我技术

　　科技提供了方法，让我们能创造一个属于自己的世界。正如加布里埃尔和兰（Gabriel & Lang，2016：218）所说："现在，我们被数字世界束缚，技术的使用改变了我们的思维方式、看待自己的方式，甚至是道德重心。"然而体验型社会不仅仅是从消费物品到消费体验的转变。这实际上更多的是关于消费感受的变化。如今，就像我们生活在真实世界一样，许多人似乎生活在虚拟世界中。这个世界是可供选择的空间，我们的身份在此被重新构造和定义。在这个世界上，体验就是一切。至少在这个意义上，它为个性化自我提供了新的可能性，使我们共同以全新的体验式的眼光看待世界。因此，体验型社会重塑了自我与消费之间的关系。技术使体验型社会的自由得到强化，同时也遭到破坏。在技术提供的虚拟空间中，消费者似乎从资本主义的约束中解放了出来。但是这种解放不过是大胆的谎言，它同时也改变了我们的思维方式和思考内容，而自我的神话正是建立在这个谎言上的。体验型社会建立在自负之上，它使我们认为通过技术提供的逃避，可以获得某种真实性的表象；通过向虚拟世界献身，可以找到超越物质世界局限性的存在感，而物质世界完全是由消费定义的。从这个意义上说，体验型社会是极具讽刺意味的建构物。它为我们提供了一个世界，但却煞费苦心地压制这个世界，以至于我们通过这种方式认识到的自我几乎不是自我。

技术与消费之间的关系很复杂，与社会变迁的微妙之处及其意识形态含义密切相关。一方面，我们或许愿意假设，技术变革可能必然会带来进步，从而最有利于人类的利益。另一方面，当前围绕人工智能（AI）及其可能破坏人类本质意义的争论，可能会提出相反观点。正如已经指出的那样，人们长期以来一直担心的不是生产而是消费，它已经成为我们所处社会的组织原则（Bauman，1998）。这是工人阶级日益分化的历史进程中的一部分。不仅所谓的技术"进步"将许多工作岗位从人类手中夺走，而且在这个过程中，阶级团结也遭到了破坏。而这一切的部分原因在于要成为这个社会的一员，就必须通过消费获得归属感（Lodziak，2002）。这样做的最终结果是产生了不断引起焦虑的技术，而它最初是为了缓解压力被设计出来的。

在这个世界中，工作和消费之间的关系不断得到改造，数字技术的作用尤其重要。这并不是说体验必然是数字化的，而是说数字化已经成为自我与体验关联方式的必要基础。这里重要的是认识到技术不是中立的，而是意识形态的。假如数字世界的自由化会带来政治解放和反抗的巨大潜力，那还能说得通。我想说的是，这样的假设会产生误导，并有潜在危险。因此，库里洛（Kurylo，2018）认为阿多诺（1975）和本杰明（Benjamin，2008）对 20 世纪技术化（technologisation）辩论的贡献是有效的。库里洛指出，与阿多诺的案例不同，本杰明认为，技术发展孕育着政治化（politicisation）的种子，能够将人类从苦役生活中解放出来。本杰明认为，在机械化再生产技术的基础上，资本主义文化有效地创造了新的交流形式，继而打破了创造者和消费者之间的传统区别。这种区别削弱了审美的力量，创造了民主化的潜力（参见 Swingewood，1977）。从这个角度看，大众媒体至少有潜力成为社会变迁的正面力量。但遗憾的是，大众媒体技术支撑的集约化意味着这一点或许越来越不可能实现。

当然，在过去 80 年左右的时间里，媒体以难以置信的方式发展着。但是这一过程远没有为消费者赋权，尽管或许部分是由于消费的出现，而相反的情况却已经实现了。在一定程度上，这可以理解为一系列状况的副产品，使技术越来越强调再生产而非生产（Jameson，1991）。正如我们所知，跨国网络资本主义非常复杂且相互关联。这实际上是无法理解的。卡斯特尔（1996）在《网络社会》（"network society"）中指出了一种虚拟的、多方面的网络文化，它是长期以来逐渐形成的可操作化价值观，而并不一定是全新的。但他从中看到了一种转瞬即逝的文化，由"体验和兴趣的拼凑"组成（1996：214）。这是为了经济利益而避免僵化的网络；这是一个灵活的网络，它无关幻想，而关乎物质力量。到了 21 世纪 20 年代，体验的消费已经提供了一种更简明的方法，由此可以再生产这个社会。卡斯特尔描述的长期过程是指消费者逐渐不再被动，并且更加细分和个性化。这种过渡至关重要，它将决定更有效、反应更快的经济体能否顺利运行，而且不可避免地使社会更加分裂。作为消费活动的新场所，体验无处不在。这证明了这个社会有能力重塑自己，也证明了消费者在与它共谋时的脆弱性。

但是，技术的不可破译性并不是在抽象空间中被赋予的，它影响着我们体验日常生活的方式。正如我在这本书中反复提到的，在某种形式上，所有的消费都是体验式的。同时对于我们体验世界的方式和内容，技术发挥着明确的作用。或者至少，我们认为技术是构建自己的手段，而这一思考方式本身已经被重新定义。开始接受这一观点的两位作者是麦卡锡和赖特（McCarthy & Wright，2004），他们将消费者对技术的参与视为一种"感官体验"。他们认为，对计算机的消费已经发生了转变。例如，它从可以为我们做事情的产品，转变为与消费者需求相协调的产品。当然，这其中有重要的设计维度。作为一名年轻的博士生，我能回忆起与自己的第一台"真正的"电脑——苹果电脑（Apple Macintosh）的亲密关系。它的外观、触感和友好的界面对我产生了切实的影响。我使用那台苹果电脑的方式是前所未有的，且之后再也没有过。反思一下我使用苹果电脑的体验，便能发现计算机技术消费的发展方向。最重要的是，苹果电脑的设计促进了我与技术的互动，使技术更好地融入日常生活。电脑变得更像人类，甚至我的母亲会为我的苹果电脑，轻轻盖上绿色的绒面革，这样它就可以在晚上"安睡"了。我不仅使用了它的技术，还使它成了我的一部分：我的博士生自我。在某种程度上，我在这里描述的内容可以理解为祖博夫（Zuboff，2019）称之为"苹果逆转"的开始，这暗示着商业需求和消费者利益之间的互惠关系：

　　　　它展示了一种可能超越碰撞的新数字市场形式的承诺：第三种现代性资本主义的早期暗示，是由个人和数字环境的自我决定的愿望召唤的。"我的生活，我的方式，我能承受的价格"是有人情味的承诺，从苹果手机、一键订购，到大型网络公开课、按需服务，再到数十万基于网络的企业、应用程序和设备，它很快就成了商业化数字项目的核心。（2019：46）

技术变革的理想与现实间的这种关系是无法持久的。苹果开始引入高端设计，而对于许多人来说，这是遥不可及的。而且对于普通消费者而言，苹果专用附加组件的价格也是贵得出了名的让人无法承受。随着公司的财务状况一路飙升，更广泛的数字领域也随之出现。因此，我们的想象力被技术交付的能力所超越。

毫不夸张地说，数字世界不仅正在改变消费领域，而且也在借助围绕个人构建的个性化平台，改变我们人类的相互关系。对于有些评论员来说，日常生活已经有效地被"虚拟化"。因此，线上创建的内容与我们的线下身份一样重要，也许更重要（Gabriel & Lang，2016）。这种事态是体验型社会的关键特征，技术是快速变化的信息世界中的恒定量。这是消费者去地域化的另一层意义。或许我们曾经认为个人的身份由时间、空间和地点决定，但现在不再是这样。时空压缩（Harvey，1990）使"真实"自我的概念实际上遭到了破坏。数字世界进一步恶化了这一情况，以至于活跃的数字个人在真实自我和虚拟自我之间，丧失了核心自我。从某种意义上讲，这一切都关乎消费的去物质化：正如我在第一章指出的，这是从消费物品到消费体验的转变，以及不断加强的与超越世俗的世界的接触。但这并不像看上去那么简单。加布里埃尔和兰（2016）认为，花在电脑上的时间实际上是数字劳动的时间，其特点是一群多样化的、似乎有关联的劳动者在他们的苹果电脑上敲打。这基本上可以说是工作的强化。因此，即使我们觉得自己已经摆脱了工作的束缚，但实际上我们真的在工作，例如下载音乐。纳普斯特（Napster）和最近的声田（Spotify）等平台提供的服务也许已经向消费者开放了音乐领域，但这无疑是有代价的（Forde，2019）。考虑到数字世界为消费者提供了太多选择，以及它涉及的大量工作，我们的消费方式和我们是谁之间关系的本质无疑会承受更大的压力。

产消合一和社交媒体

如今，产消合一，即生产和消费之间的障碍被数字化重新定义的过程，是关键，因为物质现实不再限制生产和消费可能融合的潜在方式（Zajc，2015）。数字自我可以掌控自己的命运，产消合一是这类观念的核心。高速运转的数字网络提供了技术手段，使用户生成的内容几乎可以同时被消费者生产和消费。这种工作和消费之间界限的模糊，或许在消费者与社交媒体的互动中体现得最明显。目前，世界上40%的人口正在使用社交媒体，更新个人资料、点赞，时而分享日常生活中的细节（Seymour，2019）。诚然，正如库里洛（2018）指出的那样，数字媒体已经模糊了生产和消费之间的界限，这一进展可以说有着显著的优势：使技术更容易获得，实际上，在打破传统的生产和接收模式的情况下，可能会更具能动性（例如通过音乐消费）。但这样的结论是片面的。

在一系列已经改变了媒体领域的过程中，产消合一建立起来了。实际上，到了20世纪80年代，媒体的个性化已经逐渐显露，并实现了商业化（Castells，1996）。然而，对这样的说法进行过度概括是不明智的。可获得性并不等同于解放，尤其是考虑到"受众本身及其消费习惯和搜索历史一直是主要的销售商品，而受众却没有得到任何回报"（Kurylo，2018：8-9）。这里的重点是，技术贩卖能动性，或者至少是能动性的表象。借助科技，尤其是借助数字化消费，消费者能积累的意义显然是无限的。但关键是，正如库里洛指出的那样，这种形式的解放付出了巨大的代价，即她所说的"更无所不能的控制"（2018：9）。尽管大量的产消合一可能会影响消费者和生产者之间关系的平衡，但并没有质疑市场的权威。这是一个关键点，也是我想在本章中探讨的一点。换句话说，尽管我们承认技术可以扩展消费者可参与体验的范围，但无论它能提供多少自我捐赠的机会，这些体验终归是虚构的，它所做的以及所能做的只是将个人推进充满想象的（资本主义）可能性的世界（Illouz，2009）。

数字消费提供了一个平台，消费者可以在此获得虚假的归属感（Kurylo，2018）。在分析巴克·莫里斯（Buck Morris，1992）的著作时，库里洛提出了另一种说法，即"对补偿性现实的感官上瘾"（Kurylo，2018：23），它主要是一种社会控制手段。无论政客们如何谴责假新闻，这里确实有言论表明政治路线正在被重新划定，而且往往超出了传统政党确立的路线。然而，这些变化在何种程度上等同于真正的解放，使消费者能够决定自己看到的新闻？这一点非常值得怀疑。相反，技术创新极大地增加了操纵消费者的可能性。这并不是说消费者在这些问题上绝对没有选择，也不是说他们无法给技术体验赋予属于自己的意义，而是说他们做这些事的能力掩盖了消费资本主义意识形态影响力增强的过程。强化的原因在于，社交媒体从根本上说是为了消遣而运转的技术。社交媒体旨在为新形式的魅力、自我造型和"休闲思维"提供无尽的机会（Seymour，2019）。

数字自我

在体验型社会中，对自我的体验会得到增强。一些超乎寻常的文化现象，如无处不在的自拍，就是证明。当你可以通过智能手机体验某个事件时，为什么要真实地体验该事件呢？正是在这种背景下，斯托尔（Storr，2018）认为，如果我们要满足从出生起就生活在其中的社会的经济和文化需求，其蕴含的价值观不可避免地会通过我们，并且通过我们使用技术实现再生产。事实上，"新自由主义从文化的许多角落向我们发射电波，而我们像吸收辐射一样吸收它们"（Storr，2018：263）。在这样的文化中，社交媒体，尤其是自拍，提供了自我证明的手段：它们展示了从陌生人那里寻求到的这种证明如何积极地支撑了自我。自我实际上已经变成了流动的抽象概念。它现在已经连接到互联网，并因此受制于比前数字时代更复杂的协商和确认过程。技术，尤其是社交媒体平台，提供了展示自我的舞台（Papacharissi，2011）。手机是使这一切成为可能的重要技术，它始终在我们身边，使我们进入不断将自我与他人进行比较的更即时的循环（Storr，2018）。但是对于斯托尔而言，技术，尤其是社交媒体，不只涉及外表。它将自我游戏化，身份仅是一枚棋子。基于市场环境使所有人平等的错觉，消费者发现自己在不断地追求点赞和反馈。这是表现相互关联的领域：在这个领域中，根据个人试图取悦的受众，体验以表演的方式被构建起来（Papacharissi，2011）。

正是基于上述意义，技术体验得到了美化和强化。换言之，体验现在被三角化了：我们对世界的体验不仅是消费内容的产物，而且是被人们看到如何消费的产物。这些人不只是身边的人，还包括所处网络社会中那些无关紧要的人。正如帕帕克瑞斯（Papacharissi）所指出的，这导致了去地域化的无地方性，而它不仅不会使体验变得空虚，反而会增加其重要性。这种体验之所以被强化，是因为它已成为交叠关系（overlapping relationship）的产物，这种关系比现实世界本身更真实。这个过程通过虚拟集体的无形性关联个人：虚拟的集体实际上与个人无关，而更多地与个人风格化和自我营销的方式有关。

我的"油管"

在所有可用的社交媒体中，"油管"[①]（YouTube）似乎越来越受到年轻人的青睐，成了他们的首选平台。因此，法罗克曼内什（Farokhmanesh，2018）引用了皮尤研究中心（Pew Research Center）最近开展的一项调查，在研究对象中，该调查发现85%的青少年（13~17岁）使用该平台。紧随其后的是照片墙（Instagram，72%）和色拉布（Snapchat，69%）。95%的青少年拥有智能手机，而2015年时仅有73%的青少年拥有智能手机，这表明"油管"有可能让年轻人自我感觉良好。最重要的是，他们显然觉得自己可以与"油管"主播或有影响力的人建立关系，几乎就好像这些人只是日常生活中碰巧遇到的普通人一样（Stone，2015）。同时，值得注意的是，这并不是单纯的年轻化现象。脸书正在成为老年人首选的社交网站，在这一年内，55岁以上的脸书用户大约达到了650万（Sweney，2018）。所有这一切都反映了一种事态：消费者参与的数字公共文化变得愈发依赖用户生成和参与，从而使这一过程中隐含的消费本质变得多样化。支撑"油管"的根本要素显然涉及社群、真实性和地域文化（Burgess

---

① 美国一个在线视频共享和社交媒体平台。——译者注

& Green，2013）。但这一切都需要付出代价：这些平台愈发擅长整合和利用数据，并由此策划体验，以更好地服务平台的基础业务。这正是有些评论员称为"社会平台化"的一部分（Van Dijck et al.，2018）。这里需要注意的是，身份建构的数字化形式，使体验永远保持既被调节又有生命的状态。因此，"数字化自我建构或自我呈现使表达潜在身份或揭示自我的各个方面成为可能，而这种自我很难在物质上得到完全展现"（Chen，2016：235）。

社交媒体内在隐含的构建和再生产社会规范的力量显然是深刻的。这些平台不仅反映了我们时代的现实，还通过维持社会结构，积极地生产我们时代的现实（Van Dijck et al.，2018）。这一过程可以通过一系列不可预测的方式展现出来，但关键是它们几乎不可避免地会被商品过滤。例如，托福莱蒂和索普（Toffoletti & Thorpe，2017）讨论了女性运动员利用照片墙在全球体育市场上为自己打造品牌的方式。这样一来，她们能够与"粉丝"群建立联系，通过（或许最好地描述为）"审美劳动"的方式，创造一种亲密感和真实感（Elias，2008）。正如托福莱蒂和索普所说，"在'粉丝'–运动员互动中，最有价值的就是发照片墙帖子——也就是说，通过点赞和评论引人注目——这也是最符合社会认知的表达方式，最接近人们的期待"（2017：313）。

这里存在私人利益和公共利益之间微妙的平衡，而这种平衡实际上是由互联网控制的。当然，这方面的主要问题是，尽管消费者的平台体验在表面上是合理的，但很快你就可以意识到这等同于与魔鬼做交易，魔鬼忙于收集反映我们在线行为模式的海量数据。因此，祖博夫（2019）指出"买卖自我者"为了她所说的"监视收入"而包装自我。具有讽刺意味的是，消费者越是追求个性化体验，自我就越是迷失在试图规定个人需求的机器中。在这方面，个性化的过程尤其令人担忧。人们被平台吸引的原因正是这些平台能使他们的体验个性化：它们允许消费者通过最快的渠道访问自己想要的东西。但这种自由不仅意味着，为了预测消费者的选择，平台需要在幕后收集各种个人数据，还意味着可能通过判定某种体验应该是什么样的，从而限制消费者的体验（Van Dijck et al.，2018；Pariser，2011）。

根据我们在这里讨论的这种入侵和个人空间的定义，"油管"并不是中立的网络服务，尽管在过去它可能有理由这样声称。事实上，要是说如今的"油管"兑现了一些早期拥护者为其设想的那种民主文化，那就太牵强了。正如伯吉斯和格林（Burgess & Green，2013）所指出的，尽管早期关于"油管"的论述全都涉及民间文化的乌托邦概念，以及这其中包含的用户参与的责任，但这种倾向永远无法摆脱庞大媒体帝国的更广泛的逻辑，这些媒体帝国对它们所制造的受众的经济潜力非常敏感。作为试图建立自己的参与性规范和惯例的文化空间，"油管"充满了矛盾。它所创造的亲密感和社群感终归是为拥有更高层力量的利益服务的，而消费者的需求只不过是达到目的的手段。

但这一切对消费者意味着什么？正如斯托尔（2018）指出的那样，这里有趣的是，这一切迫使消费者，尤其是年轻人，接受将完美视为必要规范的文化。不管这一切多么真实，我们都接受它是真实的。我们不质疑这种情况，只会充实地活下去。与其说我们活出了自我，不如说我们被自我迷住了。这是一个愈发自恋的世界，这是一个完美主义的时代。在这个时代中，对自我的关注和对进步的盲目信念，让我们得以逃避社会变迁的可怕现实。关键是，在这个过程中创造的空间不是中立的空间，而是充斥着营销人员的空间。因此，我们的互动方式、沟通方式以及社交方式都能用来赚钱。

新型资本主义？

如果你从表面上看科技化的数字消费领域，你可能会得出结论，个性化自我提升的可能性"几乎"是无限的。确实可以说，数字资本主义时代反映了一种新型非物质实体。然而自相矛盾的是，这一实体既表明了资本主义的胜利，但同时也表明了资本主义的消散（Betancourt，2015）。这样的说法听起来可能有些极端，但是它暗示了我们试图理解的一系列自相矛盾的情况。对贝当古（Betancourt）来说，一个神奇的新型数字领域已经开启，它似乎将个人从物质约束中解放出来，并且暗示着财富的持续扩张。正是在这个意义上，数字领域的力量不在于提升为消费者提供更多选择的能力，而在于增强消费者的选择幻觉（Zajc，2015）。个人不再由自己的消费内容决定，而由他们向世界呈现的关于个人消费方式和消费内容的叙事（Theodoridis et al.，2019）决定。由于开辟了一个以各种新型经济生产为特征的领域，我们所处社会的基础意义将取决于社交活动的大规模商品化，这种社交活动不再受空间和地点限制。这是一个超越现实物质限制的社会（Betancourt，2015）。这里对幻想的突出至关重要。数字领域为资本主义提供了"没有积累的资本主义"的幻觉（Betancourt，2015：87），正是这种幻觉为它赋予了意识形态力量：

因此，数字领域的气质就像坚纽斯（Janus）[1]一样，它暗示着没有消费的神奇生产，并将这一基本意识形态具体化为数字资本主义，同时也具体化为对资本主义本身的隐藏。然而，所有这些暗示都源于一种错觉。错觉的基础正是拒绝承认创建、生产、维护和获取数字技术所需的实际支出，以及数字技术提供了使这些意识形态幻想成为可能的素材。（Beatancourt，2015：59）

也许数字资本主义更容易被理解为否认物质性的尝试，而不是逃避物质性的尝试。贝当古在这一部分的分析中指出了这场讨论的关键。当然，我们需要在历史背景中理解数字资本主义的崛起。但是数字消费的虚拟本质及其对意义和身份塑造的影响，并不是与过去的彻底决裂或对物质领域的扼杀，而是"从意识中剥离"（2015：218）。就资本主义的演变而言，所有这一切都不意外。尤其是考虑到它一直都在，也将永远在新的空间和领域开拓殖民地，无论是物质的还是非物质的。但这里重要的不是数字化成了新的消费领域，及由此而来的意识形态意图，而是它的意识形态意义几乎没有

---

① 坚纽斯，罗马神话中守护门户的两面神，能瞻前顾后。——译者注

被注意到。

尽管上述内容很简短，但是也值得从特定技术产品的角度进行反思。迈克尔·布尔（Michael Bull，2007）在他的作品中，进一步仔细研究了逃避的问题，他将苹果公司的 iPod 视为 21 世纪第一个"文化图腾"。作为一种技术形式，iPod 实际上已经变得多余，而这突出了技术的短暂性及其将文化体验私有化的能力。当然，iPod 是一个物品，但是这个物品无疑改变了消费者与世界互动的方式。它使消费者成为个人声音体验或"听觉崇拜"的创作者，而不只是接受者（2007：2-3）。iPod 是体验式的，它允许个人构建个性化的声音体验、"听觉气泡"，最重要的是，它允许个人构建控制感。因此，布尔认为 iPod 用户生活在"我们感"（we-ness）介入的世界中：换句话说，在阿多诺（1991a）作品的基础上，布尔（2007）把注意力集中到被技术介入的体验如何成为直接体验的替代品上。布尔讨论了阿多诺的主张，即音乐为主体提供了超越社会领域压迫本质的手段。通过这种方式，音乐提供了一个出路，消费者可以体验他们想要的东西，而无须以任何实质性的方式实现它。因此，这制造了"在完全被调节的世界中，一种即时性的幻觉，一种陌生人互相接近的幻觉，同时为在所有人的激烈斗争中感到心寒的人们提供了一丝温暖"（Horkheimer & Adorno，1972：46）。这里隐含的归属感是虚幻的（社交媒体提供的社群显然也是如此）。如果我们由此认为 iPod 的消费者，以及其他个性化逃避现实的技术途径完全无效，那可能会有些言过其实。但是，音乐本身可以是一种逃避方式、一种寻求真正自我的方式，至少这值得一试。从这个意义上说，也许技术是消费资本主义进一步模糊主体性和客体性之间界限的手段。

如果我们准备探索自我不断变化的本质，就必须认识到资本主义重塑自身的能力正在变得更加复杂。因此，德内格里–诺特和莫尔斯沃思（Denegri-Knot & Molesworth，2012）援引了罗布·希尔兹（Rob Shields，2003）的著作，并指出数字化虚拟消费缺乏物质实体，这有效地解放了消费者。在数字空间里，任何事情和一切事物都成为可能，甚至日常生活中不可能的事情也变得可能。消费者可以建造虚拟住宅，它可能不像现实生活的庇护所，但能使消费者不受现实生活的限制（例如，规划法规、住房在市场上的可用性）。由此产生的是一个令人兴奋的空间，在这里，无论是有意还是无意，自我意识都进入了不可能的新领域：一个自我实现的空间，正如希尔兹（2003）所指出的，在这个空间里，自我改造的潜力"异常强烈"。简言之，数字化虚拟消费提供了尝试和改造的手段，它可以让个人从日常生活中解脱出来，可能允许他们参与通常无法参与的活动。但它达成这一点的方式与商品和消费体验密切相关，或者像德内格里–诺特和莫尔斯沃思（2012）所说的那样——"互联"。这样的体验让人感到自由，并且在这之中，自由控制的感觉更容易出现。因此，莱顿维塔（Lehdonvirta，2012）认为，作为资本主义加速发展的一部分，数字化虚拟商品与物质商品具有相同的功效，但发挥功效的方式更诚实，因为它们较少依赖品牌商品的象征力量。数字化虚拟商品并不自诩能满足人类的一些基本需求：它们通常是为消费者提供刻意的逃避方式。换句话说，数字化虚拟消费的特点是某种游戏性，这可能为消费者提供在其他地方无法获得的微妙且无限的体验（Molesworth & Denegri-Knott，2012）。

关于消费者通过商品体验世界所产生的异化，是否必然会被数字化虚拟消费强化和扩展，确实存在一场争论。但我的论点是，它所做的远不止这些：正是因为数字化消费形式是有趣的，正是因为它夸大了参与这些领域所带来的愉悦感，正是因为它让消费者感到自己可以自由地玩乐，所以从意识形态上讲，它的影响力才如此强大。正是通过数字化虚拟消费，消费者最能体验到自由（Molesworth & Denegri-Knott，2012）。这反过来又允许消费者"精心设计"消费，从而使他们能够通过消费与他人建立联系。如此一来，消费者可以在一定程度上控制生活的这一方面，而在其他方面他们无法实施控制。这正是体验型社会的吸引力所在。正是通过体验，消费者公民意识利用了归属感，而这种归属感反过来又可以证明日常生活中的精神需求缺席的正当性。

技术告诉我们，体验型社会包罗万象。换句话说，它吞噬了个体。这并不是一个直截了当的例子，无法说明消费者上当受骗，以机器般的方式行事。这也不只是关于 21 世纪自恋的简单例子。我在这里试图描绘的画面是，消费者越来越容易受到消费社会的诱惑。由于冲进了体验型社会所暗示的个性化消费的海洋，消费者不知不觉地将自己直接置于资本帝国主义的视野中。

作为情感体验的视频直播

前文对社交媒体的讨论表明，技术使我们的消费方式变得愈发复杂。正如麦卡锡和赖特（2004）所说，技术所做的是强化我们已经在做的事情，具体而言就是强化交流，并且将我们以前认为不可商品化的体验元素商品化。也许最能体现这一过程及典型的关于体验性质的例子就是电子游戏的直播（Taylor，2018）。每月有超过 1 亿观众观看视频直播，它是一种互动娱乐的形式，将电子游戏玩家参与的大型电子竞技活动向全球各地进行现场直播。实时聊天等同于高度互动式的体验。它涉及体验的分享，尤其涉及玩家和观众之间各种情感的分享。泰勒（Taylor）将其描述为私人游戏向公共娱乐的转变：放大寻常的体验，以使观众相信共同的在场感和归属感。视频直播提供了集体的社会体验，这可能会对个人产生重大影响：

> 如你所想，观看你最喜欢的电子竞技玩家的视频直播，就像每天观看你最喜欢的棒球运动员练习几个小时一样。虽然平淡无奇，但它也可以引人入胜。观众可以观看职业玩家练习游戏、完善策略、反思自己的玩法，以及比赛中竞争对手的玩法。对于那些观看直播的人来说，这可能是有效的学习工具，可以激发他们的竞争欲望或提高对自身水平的期望。（Taylor，2018：82）

泰勒接着描述了他所说的贯穿视频直播的"情感生产回路"："粉丝"、主持人和视频主播等，创造了凝聚体验的共生性"谈话"。但这并不是没有代价的。这里包含的对生产和消费的模糊化将私人娱乐转化为劳动生产，从而增强了消费者的可塑性（另见 Kreiss et al.，2011）。泰勒继续论述了这样的发展可能已经破坏了游戏的原则。然而，他仍然认为，那些参与游戏的人参与了"真实意义"的构建，并由此建立了社会联系，而这反过来表明了社会转型和个人转型的形式。我认为这在某种程度上是对当前游戏进展的乐观解读。体验型社会可以推动意义的创造。但问题是，能被创造的意义越多，这种意义的体验就越能被商品化，从而获得更大的经济利益。

简言之，技术越来越关注消费者的感受，而不是他们的行为。因此，"不是沟通的抽象概念，甚至可能不是社会实践，而是特定沟通带来的感觉和感官特征为它赋予了表达的特征"（Taylor，2018：13）。你可能会问，为什么要给它贴上"体验型社会"的标签，而不是"感觉型社会"的标签？关于消费的本质以及它将我们与社会结构联系起来的方式，技术向我们讲述了对消费内容的感受在体验领域如何得到了重新定义。这不仅对我们的本性产生了重大影响，而且显著影响了消费资本主义为实现最大利益而盗用我们的本性的方式。正如麦卡锡和赖特所说，"这就是体验的乐趣所在。正是在对他者进行审美完善，并使其成为与我们分隔开的价值中心时，我们在与自我玩乐，将对话变得复杂、深刻和开放"（2004：188）。对于祖博夫（2019）来说，体验更多地涉及如何利用消费者获得的东西，而不是给予消费者什么。这是一个内在的空间，我们可以在其中构建意义。但这并不是说这个内部空间是神圣不可侵犯的。"监控资本主义"并不仅仅满足销量最大化。它想知道任何它能知道的事情。祖博夫（2019）甚至认为，数字世界创造的市场成功地将自己伪装成消费者自我的镜像，它显然根据我们的需求不断变化，并且总是主动把自己交付给消费者，"当它们不请自来，决心通过我的自我获取我的'真相'时，便会带走七零八碎的东西，以滋养它们用以实现目标的机器。而我们被困在自我中，无法逃脱"（2019：291）。

体验型社会让我们以某种方式发现我们是谁。但它强调，我们只能通过消费资本主义的角度实现这一点。不幸的是，消费资本主义在这方面毫无顾忌。产消合一并不是为了解放消费者。它是为了创造一个让我们不断工作的社会，甚至逃避也不过是另一种形式的劳动——数字劳动（Gabriel & Lang，2016）。我从亚马逊购买商品。我在亚马逊工作。我就是亚马逊。体验的幻觉在根本上不过是资本主义机器的养料，因此，个性化只不过是亚马逊遍及全球的无我式自我的可耻算法，因为无我式自我终归是在经济上有生产力的自我。技术并没有解放我们，它将我们与试图逃离的系统捆绑在了一起（Seymour，2019）。

结　语

如果不把它放在新自由主义及重塑公民身份这一更广泛的背景下，我们就无法理解其中的任何一点。莱斯伯勒（Raisborough，2011）讨论了自由主义的经济学方法及其对自由市场的好处——它对个人私利和创业自我的存在负有责任——如何创造了特定的公民身份。这种公民身份关乎个人的适应、变通和进取能力，而不管市场向他们释放了什么信号。因此，在市场经济创造的苛刻条件下保持敏捷是自身的责任。正是在这种语境下，自我改造和自我实现被挪用为新自由主义的意识形态基础（Raisborough，2011）。莱斯伯勒认为，这种意识形态反过来创造了一系列条件，使身处这种社会的公民开始相信，只要你能进行消费选择，那么任何事情都是可能的。新自由主义有效地"要求并塑造了自我、资本主义和国家之间的新型关系"（Raisborough，2011：14）。本章对技术的讨论提醒人们注意，互联网和通信技术以更具活力的形式重新塑造了我们的身份（Rattle，2014）。事实上，拉特尔（Rattle）想知道，在多大程度上，这种变化不仅已经改变了构建物质身份的方式，而且还可能已经创造了一系列条件，使这种身份不那么容易认同个人主义，甚至相比于过去，更难以通过消费来定义。

技术类产品短暂的生命周期，以及它们所需的定期升级和技术"锁定"，可能会强化商品化对消费者身份的影响（Rattle，2014）。互联网和通信技术使我们越来越依赖强调身份的物质表现的世界，而这一过程被复杂的计算机算法进一步强化了。这些算法更加清楚如何最大限度地增加我们的支出，而我们肯定不会感激它所做的事。所有这些的总和是"超商品化"的过程，它只关注即时的利润最大化（Rattle，2014）。从某种意义上说，这是一个与朋友或其他人相互竞争的世界，但从另一种意义上说，这也是一个协作与合作的世界。拉特尔在这里描述的是消费和身份之间关系本质的彻底转变，这种关系引发了许多议题，主要涉及未来的消费内容和消费方式产生的作用。事实上，"互联网和通信技术催生了新兴的消费文化，它不仅能作为个体消费者的集合发挥作用，使每个人都能想象、定义、构建和重建身份，而且能作为一种自我意识、全球同步的消费文化发挥作用"（Rattle，2014：136）。

事实是，正如拉特尔本人指出的，构建消费身份的生产和消费在许多关键方面仍然由物质决定。但这一分析的有趣之处在于，这里真正发生改变的是构建消费身份的"方式"，而不是"内容"，其结果是"在身份构建中，物质逐渐不再是目标，而是手段"（Rattle，2014：138）。这可以解释为制造群体体验的解放过程、个人主义的淡化和技术选择的开放。对此一种说法是，尽管我在上文中不断质疑数字体验在网络社会中可能会破坏我们的自我意识，但是最终诸如此类的社交媒体平台实际上实现了解放。我们或许可以把数字视为一个阈限空间，在这里可以构建一个幻想版本的自我（Turkle，2011），或者是多个幻想版本的自我。经由数字生活获得的体验允许我们构建出原本无法获得的多重自我，那么谁能说这是一件坏事呢？

上述分析的问题在于它未能充分理解数字自我的社会性。它实际上接受了我所关注的新自由主义的意识形态。在体验型社会中，作为首要积累肯定感和归属感的方式，我们所依赖的技术主要是让消费者参与的体验感增至最大。数字化消费形式与其说是把我们团结起来，不如说是让我们陷入一场永无止境的零和游戏（Turkle，2011）。社交媒体，尤其是智能手机上的社交媒体，让我们忙得不可开交。如此一来，我们的大脑就会不断地重新布线，并充分体验到时间从手中流逝的感觉。从某种意义上说，自由构建所谓的真实自我是不可能的。自我的"纯粹性"——如果这种东西能实现的话——被展示或兑换它的平台削弱。网络环境刻意要求、完全期望所有参与者都必须对此做出回应。此外，数字自我的构建无法脱离实际，而需要在与距离较远的他人关系中构建（Rybas，2012）。换句话说，消费者在网上参与的体验文化根本不是自由的。它不可避免地被管理、规定和预先设定。在讨论法兰克福学派的工作时，杰弗里斯（Jeffries，2016）提到了哲学家弗里德里希·基特勒（Friedrich Kittler）的观点，即我们有义务适应技术，而不是让它来适应我们。从这个角度来看，杰弗里斯认为，技术创新只是说服我们从一个毫无意义的尝试跳到另一个"像是西西弗斯诅咒的祭品"上（2016：184）。在此基础上，互联网肯定是另一种手段、机器。借助它，商品资本主义构建的虚幻世界宿命般地被视为真实。

在许多方面，技术领域肯定会增强人类的本质意义。因此，这场争论比前文最初的观点所表明的要复杂得多。技术并不都是坏事。问题不在于我们的参与，而在于我们的参与方式，在于数字化消费时间的特有方式在我们的文化和心理中根深蒂固。因此，它的日常吸引力非常强，使得纽波特（Newport，2019）等作者呼吁朝着数字极简主义的方向转变。如此一来，我们将上网时间花费在少量的最优任务上，从而使我们所珍视的东西获得有力的支撑，"通过自己的深层价值观反向推导适合自身的技术选择，数字极简主义者将这些创新从让人分神的根源转变为支撑美好生活的工具。通过这样做，他们打破了很多人感到自己无法掌控屏幕的魔咒"

（Newport，2019：29）。

这种情绪暗示着过去的时代如此天真、科技含量如此之低。它们反映了围绕消费的长期争论，即"少即是多"。我们在这里谈及的其实根本不是数量问题。纽波特认为，我们所处的技术至上世界在本质上是盲目的。我们承认它对个人的入侵，就好像这是世界上最自然的事情，于是我们"外包了我们的自由"并"贬低了我们的个性"（Newport，2019：58）。但这里有更深刻的东西。体验型社会并不是简单地说服我们以特定的方式消费，而是让我们相信，这种行为意味着我们正在尽可能地摆脱所处的世界。将技术视为体验的看法告诉我们，我们所处的社会不仅非常擅长为我们提供看起来真实的体验，而且能创造一种让我们深信更适合自己的虚拟现实。体验型社会向我们推销了一个体验胜过一切的世界。它怂恿我们相信，在体验中，我们可以自由地迷失自我，同时也可以自由地发现自我。这不是一个可实现的目标。这一目标得以实现的条件是，我们的自我意识与某个系统联系在一起。而在这个系统中，我们感到虚拟空间能解放我们。就消费而言，技术的关键作用或许已经再度表明它能深刻影响人类在日常生活中体验社会变迁的方式。无论这是不是好事，都可以肯定地说，由于消费主要是意识形态领域的，这无疑强化了消费的潜在影响。

在探索数字自我的概念时，贝尔克（Belk，2013：479）认为数字化改变了"我们展现自己、了解他人和互动"的方式。对于贝尔克来说，在数字世界中，核心自我的概念虽然已经被多个线上人格形象破坏，但核心自我的幻觉仍然非常强烈。换句话说，我们所处的世界愈发私有化，这使共同的自我概念对我们如何看待自己的影响越来越大。同样重要的是要记住，我们通过数字进入的领域与贝尔克（2014）所描述的"具体"体验不同。我们觉得数字领域和它所包含的产品赋予我们力量，是因为它能帮助我们成为什么样的人，而与产品本身无关。正如贝尔克指出的那样，数字化对自我的影响之所以重要，正是因为它更多地涉及行动而不是拥有。如果说体验型社会有一个关键特征，那就是数字化。通过消费数字产品，我们渴望创造比身体各部分总和还要大的自我。但事实是：身体就是一切。最终，我们建设了一个另类世界，它缺乏物质存在，而这增加了意识形态控制的可能性。

正如马尔库塞①（Marcuse，1986：437）在其著作《理性与革命》（*Reason and Revolution*）中所说，"技术进步成倍地增加了需求和满足感，而使用技术却使需求及满足感变得

———————
① 马尔库塞（1898—1979 年），德裔美籍哲学家和社会理论家，法兰克福学派的一员。——译者注

专制：它们自身维持着服从和支配。"从马克思主义的角度来看，技术进步明显提高了生活水平，有效地使工人阶级过上了过于舒适的生活，而使他们无法反抗（Jeffries，2016；Lodziak，1995）。因此，在某种程度上，我们可以确定劳动的自动化和机器的主导地位使少量的工人也能生产出同等数量的商品。正是在这种背景下，洛兹亚克引用了莫特（Mort，1989）的话，他认为消费之所以重要，是因为它让人们感觉自己很强大。体验型社会将这种个人权力感提升到全新的水平。西摩（Seymour，2019）最终将"推特机器"定义为由智能手机主导的娱乐世界，而它已经控制了我们的生活。它打着体验的名义，也正因如此，我们才会上瘾。

第六章

■■■■

空间、场所和建筑的体验

空间和场所不是中立的实体。它们是不断演变的资本主义产物，一直在寻求最大限度地发挥潜力。消费空间绝不是无辜的，它们不是为了满足我们的需求而建造的，而是为了满足我们从未意识到的需求而建造的。我们的消费方式不是自然状态，而是几十年以来逐渐看似真实的状态。在与物理空间的互动中对我们自身体验的突出，使得消费资本主义及其赋予我们的义务比以往任何时候都更真实。体验型社会对空间和场所的影响涉及给予和索取，可以说在这个过程中，不知所措的失败者是所谓的自主消费者。

我们生活在地方品牌化和城市建设的世界里，其中的诀窍是将异质环境转变为个性化体验，并在刻意构建身份的过程中操纵符号（Subramanian，2017；Govers & Go，2009；Landry，2006）。市场和场所之间的关系为我们的城市生活方式打上了深深的烙印，并且这种烙印不会轻易消失。长期以来，祖金（Zukin）等作者一直在讨论全球化市场如何摧毁空间，他们认为"社会和经济力量的联合带来的空间性后果是景观成了这个时代主要的文化产品"（1991：22）。这是促使消费者身份超越公民身份的过程，在这之中创造了必须以牺牲他人为代价而让某些行动者和社会群体受益的空间，与此同时始终确保消费是社会化的重要手段。这种过程借助消费空间的伪装及其提供的虚假承诺，隐藏了经济力量中心化的作用。在我们与场所和空间的关系中，体验的乐趣是日益突出的特征，它们越是充满乐趣，我们与创造它们的权力基础的关系就越是无形。这就是体验型社会的力量所在。

我们为自己构建的这个世界产生的重大的后果是，它为强化"消费者身份"播下了种子。这一概念在海沃德（Hayward，2004）的著作中得到了探讨，他认为个人主观情绪是由社会环境和文化规范引发的，尤其在当下是通过消费规范引发的。在我们看待城市的方式上，市场发挥着如此重要的作用，以至于它们成为消费主义作为意识形态的物质和情感体现。与此同时，消费主义（如通过广告）积极培养特定的倾向，从海沃德的犯罪学角度来看，这些倾向最终可能以"表现性犯罪行为"的形式表现出来（2004：11）。在这一过程中，由于以往作为现代性特征的社会契约遭到了破坏，"主体"被割裂了。我们所处的社会被提供的报酬定义，并且以接纳或排斥的消费主义为基础，但最重要的是其效果在空间上有差异，社会失去了现代性曾经提供的确定性，而消费主义填补了这一空白。即使你能获得消费之城提供的自由，考虑到它倾向创造同质化的城市，资本主义式利用在何种程度上能带来所承诺的好处，也是非常值得怀疑的（Klingmann，2007）。

建筑与体验

建筑是体验型社会的主要载体。其实可以说，建筑物以及我们与它们的关系，不仅构成了环境营销的一部分，而且相当于环境营销的本质（Klingmann，2007）。建筑如同"载体"的观点让人们注意到，建筑远不是我们在表面上看到的那样。事实上，建筑这个词本身是不充分的，建筑所提供的东西与政治、复兴、新自由主义、地方品牌化、阶级分化、文化资本等其他过程紧密相连，几乎无法分离，当然是在任何因果层面上。建筑受制于时尚，但更重要的是，受制于所处社会的权力维度（Jones，2011）。建筑是体验型社会的载体，因为它是社会的物质形态体现。更重要的是，在体验型社会的最前沿，建筑明显地标识了社会在哪里，以及它将走向何方。在接下来的内容中，我关注的是建筑如何再生产主流思维模式，特别是它如何通过体验型社会的视角实现这种再生产。

是什么定义了当代城市，以及体验在哪种情形下切合这个不断演变的定义？理解城市的一种方式是将它看作自由的空间，允许个人茁壮成长。这是一座充满欲望和幻想的城市，引诱我们远离安全的日常生活，去拥抱新奇和惊喜（Sandercock，1998）。从这个角度看来，这座城市变成了充满激情和机遇的地方：梦想之城。正如桑德科克（Sandercock）所说，这一切的意义在于，这意味着城市不再关注需求，而更多地关注通过梦想和感受去体验场所。这种看法似乎意味着，我所描述的体验型社会建立在人性的本质之上：渴望探索是什么出乎意料地使我们成为人类。但这里的问题是，体验型社会根本不涉及人类精神的解放，而是为了经济利益利用人类精神，这就是建筑所面临的困境。正如查普林和霍尔丁（Chaplin & Holding，1998）指出的那样，建筑的"使命感"在于构建和谐、精心设计的实体，建筑自身的存在却恰恰相反：当消费是社会进步的潜在动力时，社会进步不可避免会受到阻碍。而没有消费，建筑就无处可去。事实上，也可以说，城市对体验的痴迷的确破坏了任何将城市视为公共整体的看法。它只不过是售货点的综合体，牺牲了人类情感联系和社群（Sorokin，1992）。

在反思自身的高傲时，建筑，或者至少是建筑师，总是专注于由设计主导的元素，而不是由商业主导的元素。你只要关注一下典型的建筑学位授予典礼，就可以看到这些种子在哪里被播下。毕业生呈现的"设计"很少涉及扩建、车库或适中的社会住房，而更可能是以菠菜为燃料的未来建筑的空想，这些建筑几乎或根本不可能成为现实，至少在未来一段时间内不会成为现实。与此同时，即使是最著名的建筑师，他们的作品或许最能代表时代，比如乔恩·捷得（Jon Jerde），也会因为（通常是戏谑的）对商业世界的承诺而贬值，或是被认为不那么值得敬仰。然而在现实中，建筑也依赖商业世界。正如查普林和霍尔丁（1998）所说，这一切的产物是扭曲的建筑，它塑造了自己如此厌恶的世界。对于他们来说，建筑与体验的关系是对消费空间进行管理，或者可以称之为机械般的编排。它较少描述人类在空间中的实际生活，而更多涉及"体验"空间，但是后者实际上是对前者的拙劣模仿：

　　许多为消费者的零售或娱乐而建造的工程，被业内有影响力的精英阶层视为平民派，并因此不在专业设计师设定的良好品位的正常界限之内……他们允许同行的认可比公众的认可更重要。（Chaplin & Holding，1998：8）

这并不是要赞扬商业建筑，或是盲目地赞扬它的成就，而是要从专业的角度以及如何塑造体验型社会的角度来认识它的重要性。对许多建筑师来说，在设计满足消费者需求的场所时面临着巨大的压力。因此，雷姆·库哈斯（Rem Koolhaas，2008）声称，建筑与市场主导的社会变迁共谋，两者有着密不可分的关系。库哈斯的论点是，公众及其暗示的公共空间完全受制于消费。换句话说，公共空间的生命力取决于该空间为公众提供娱乐的能力。从这个角度来看，尽管建筑师会反对这一点，但建筑已经变成了对过去的掠夺，也许更重要的是对信息娱乐领域的掠夺，以此创造"有意义的"体验。

在回顾派因和吉尔摩（1999）版的"体验型经济"时，迪克霍夫（Dyckhoff，2017）指出，在推广品牌时，西方社会从标准化到定制和个人主义的转变与体验的作用极为类似。作为老练的消费者，我们寻求定制的解决方案，而通过这些定制的解决方案，我们觉得自己可以过上更好的生活。消费可以让我们的生活变得更好，这是一个有趣的观点，尤其是在建筑领域，因为它经常为消费者提供一些我们没有意识到自己需要的东西。正是在这种背景下，迪克霍夫（2017）讨论了简陋的桥梁，它不再是简单地横跨河流，从A点到达B点。更确切地说，桥梁，甚至是城市长廊，如今被设计得既可观赏，也可远眺。桥梁发挥了作用，它们是一项活动，因此必须起到"活跃空间"的作用。长廊在我们对城市的消费中扮演着重要角色，最好的例子也许是纽约曼哈顿的高线公园①（High Line Park）。"高线之友"②并没有走寻常的路线，将这座废弃的私人货运高架桥拆除，而是出面进行干预，捍卫对它进行体验的合法性并以此宣称某种对空间的集体所有权。这个空间在适当的时候变成了看似民主的城市长廊。因此，人们可以将感知到的空间"魔力"与创建艺术和文化区的普遍策略相结合。迪克霍夫指出，难以置信的是，在2009—2014年有2000万人走进了高线公园。但别搞错了，高线公园的成功必然建立在独特的文化包装之上，而这种包装反过来又在其边缘创造了迪克霍夫所说的"偷窥亚文化"。讽刺的是，在那里，似乎有过多准备健身的居民驻留下来，由此增加了"体验"。这个空间经常被游客占据，

---

① 原来是铁路货运专用线，后被建成了独具特色的空中花园走廊。——译者注

② 该组织动员公众对公园进行支持，提议在现场建立一条公共步道。——译者注

他们渴望享受高线公园带来的感官乐趣。高线公园的魔力依然存在，尽管形式发生了根本性的改变，但迪克霍夫（2017：180）认为传奇故事已经消失。最重要的是，它是"一幅如画的风景，供闲人漫步穿过。这是可供所有感官进行消费的景观，但最重要的是视觉"：

> 一旦从消费主义中解脱，你就可以在纳税后进入不向你推销任何东西的空间。这不再是一种选择。随着国家退出公共生活，公共活动越来越多地外包给私营部门或归私营部门所有。所以今天所有的空间都有商业计划。毕竟，建筑也必须支付各种开销。

公共空间、私人消费

2018 年 6 月，英格兰队在世界杯上取得的进步远超他们能力所及。这引起了公众的狂喜，媒体的画面上也经常出现兴高采烈的消费者（我特意选择了这个词），在市中心的大型"公共"电视屏幕前，他们高兴地喝着啤酒，最重要的是，在英格兰队得分时肆无忌惮地向空中泼啤酒。这个公共空间被消费以及消费带来的肆无忌惮的快乐定义。但这也不只是集体快乐和共享体验的公开表达：这是一个过程的高潮，在这个过程中，由消费定义的复兴城市的既得利益凝聚在一起（参见 Koolhaas，2008）。如上所述，当代城市是一系列竞争压力和紧张局势的产物。但是将这些连接起来的是，对新自由主义或创业型城市愿景的承诺（参见 Harvey，1989）。这一愿景根本无法被撼动，因为它根深蒂固，被认为是"自然的"。一体化的新自由主义城市表现为消费体验的分裂式合并，建筑是这个过程的同谋，而消费者不可避免地在消费体验中迷失：

> 景观时代——以及主导它的自由市场——至今仍在我们身边。不过贵族化城市中的自由市场几乎不是自由的，只对出价最高的人开放。我们有什么权力肯定或否定这栋楼或那栋楼？这座城市的所有权已被购买权取代了。（Dyckhoff，2017：351）

斯潘塞（Spencer，2016）认为，建筑在将人类主体重新塑造为投身市场的顺从人物上发挥着关键作用。对于斯潘塞来说，新自由主义是一种真理游戏，其前提假设为市场比人类自身更适合秩序社会，因而市场的真理是自由的保障。在这种情况下，重要的是灵活性和适应性：建筑表现为进步的力量，但有点迷失在新自由主义议程的模糊轮廓中。但有趣的是，斯潘塞指出，新自由主义的"真理"是如此根深蒂固，"以至于极大地塑造了自我的概念和体验，使其成为本质上具有生产力和适应性的事业"（2016：23）。换言之，新自由主义并不仅仅代表了构建社会生活的经济基础，还积极决定了社会生活应该采取的形式，在某种情况下的行事方式，以及我们与自己、他人的关系。正是在这种环境中，个体必须顺从，必须有生产力和竞争力。尽管这些期望建立在解放宣言之上。

斯潘塞接着讨论了建筑在所谓的"情感转向"中的作用。从这个角度来看，建筑的演变是当代资本主义走向易变性和多元化带来的结果。因此，有人认为资本主义不再是我们习以为常的那种同质化力量，相反，它是一种定制化、新颖和差异化的力量。在这方面，文化建筑的典型景观尤其引人入胜，如位于西班牙毕尔巴鄂的古根海姆博物馆①（Guggenheim）。如此多的责任有赖于建筑自身的内在推动力，从这方面说，展览馆的生存状况是不稳定的。正是在这种语境下，对于毕尔巴鄂来说似乎可行的东西，在大城市里可能

---

① 由加拿大裔美国建筑师弗兰克·盖里设计的现代和当代艺术博物馆，位于西班牙巴斯克地区。——译者注

会显得粗俗和耸人听闻。在这些城市里，新奇感很可能会比所说的"明星建筑师"消失得更快（Ockman，2004）。因此，斯托里（Storrie，2006）认为，位于毕尔巴鄂的古根海姆博物馆的建筑师弗兰克·盖里（Frank Gehry）实际上将博物馆改造成了豪华的、不可触摸的物体，与周围的现实环境相去甚远。因此，建筑是新自由主义宝库中的重要部分。在呈现看似进步的议程时，建筑的"幻象"至关重要，但是它淹没并掩盖了制度性现实。正是这一制度性现实支撑了社会现状，同时为社会现状赋予了标志性的物质实体。

在朗斯威（Lonsway，2009）看来，体验型经济的建筑设计其实是刻意平庸的，其唯一目的是塑造消费体验，从而使消费支出最大化。对于他而言，这并不是根本上的转变，而是精巧的重新组合，其最好的例证可能是将一杯咖啡重塑为精心制作的体验，而不是简单地购买一杯热饮（参见第八章）。更重要的是，在那笔交易以及其他类似交易中发生的一切，都是为了生成品牌承诺并促使重复消费。朗斯威试图通过现象理解体验。从这个视角看，与其说体验是营销人员为了产生经济效益而培育的东西，不如说体验是具有社会学意义的东西，其本身就值得思考。在这方面，鉴于体验型经济对日常生活的铁腕掌控，表现是关键，而真正的个性几乎是不可能的。

体验型社会：消费资本主义重启

在理解上述过程时，重要的是要认可法兰克福学派的观点，以及所谓的"大规模"消费不断渗透，以至于万事万物每天都在变得越来越紧张（参见 Jameson，2007）。鉴于上述情况，我们或许可以认同当代博物馆是一种工业休闲形式的观点（Krauss，1990）。在这一过程中，除了非场所，还产生了什么？奥热（Augé，1995）所描述的非场所是指无法确定为相关的、历史的或涉及身份的场所。将这些非场所转变为谢里（Sherry，1998）所说的服务景观（servicescapes）——以营销为导向的场所，其个性能克服平淡消费环境的同质化局限性——真的是我们应该追求的吗？当然，在共同创造更高效的公共（以及公共/私人）空间时，我们确实必须倾听设计师和客户的声音。但是他们是否有可能碰巧合谋，以强化原本应该抵消的趋势？斯滕伯格（1999）讨论了企业如何通过注入创造市场优势的产品和体验来批量制造意义。据说这个过程会激发一种自我意识，如此一来，消费者不仅不会被蒙蔽，还可以依赖提升辨别能力的环境做出更具洞察力的决定。在某种程度上，一方面，这是关于设计既能娱乐又能激发个人反思的空间和场所；另一方面，这是一种可以设置私人体验的能力。建筑师不是被动的服务提供者（Klingmann，2007）。他们不是过度消费的不幸受害者。他们共同传播了对城市景观有永久性影响的意识形态，同时他们

158

的职业眼光越蔑视消费，消费就越受其控制。

体验型文化

当然，重要的是不要让人觉得上述过程是突然发生的新自由主义无聊行为的一部分。这里有一个更广泛的过程，随着时间的推移，文化的社会影响及其蕴含的政治影响发生了巨大的变化。在这方面，建筑在文化消费中的作用尤为重要，因为它展示了消费体验如何被挪用为理性工具的一部分。在这种语境下，手段为强有力的消费资本主义的经济目的做辩护。

正如我在第一章指出的，体验并不是什么新鲜事。我们一直渴望体验。艺术界就是典型的例子。泰特美术馆前馆长尼古拉斯·塞罗塔（Nicholas Serota，2000）回顾了艺术界公认的转变，即从"诠释"转向"体验"的策展。这种转变的一个特点是心理进入艺术空间，而不仅是身体进入艺术空间，从而在艺术品和观众之间创造出全新的关系，使艺术家能有效地编排体验，以追求最大化的效果。塞罗塔认为，长期以来，人们愈发期望参观展览馆时能够根据独属于个人的兴趣和感受规划独属于个人的路线，从而"重新绘制现代艺术地图，而不是遵循策展人制定的单一路线"（2000：55）。暂且不论文化资本作品的潜在因素，艺术一直认为游客可能会独自探索，从而通过这种探索发现一些关于自我的东西：泰特现代美术馆涡轮大厅的装置就产生了一种令人难以置信的影响，奥拉维尔·埃利亚松（Olafur Eliasson）的《气象计划》（*Weather Project*）也是一个很好的例子。泰特现代美术馆每年能吸引590万名游客，这证明了核心文化机构愿意冒险将消费者的需求放在首位，并可能在这个过程中做出策展方面的妥协（Brown，2019）。

有些作者认为，相比于过去，如今的文化空间在社会和经济方面更加重要（Thomas，2016）。当然，这在一定程度上是因为文化从需要学习的东西变成了需要体验的东西。例如，托马斯（Thomas）接着指出，近几十年来，特别在不断变化的政治气候下，文化成了社会和经济政策的工具。博物馆重新焕发了活力，消费者可以在这里发现自己从不知晓的兴趣（参见 Macleod et al.，2018）。对于托马斯来说，21世纪博物馆的成功不在于其产品的可预测性，而在于激发人们好奇心的能力，从而使其不仅仅是各传奇部分的总和。博物馆是值得一游的地方。这些场所反映了物质需求得到满足的时刻，以及将内在体验和性格塑造为替代的优先事项的时刻（Von Hantelmann，2014）。这反映了舒尔策（1995）的观点，即向内在目标的转变已成为西方社会的主要特征。文化可以说是达成该目标的手段，如此一来，博物馆变成了享乐主义消费的场所，而它与过去的关系变得非常模糊（Von Hantelmann，2014）。

我在这里描述的是博物馆、展览馆和其他文化形式被重新定义为娱乐空间的过程。托马斯·克伦斯（Thomas Krens）曾任纽约的古根海姆博物馆馆长，他认为永久藏品与建筑、展览、商店和餐厅一样，只是他们所提供的服务中的一个要素。以这种形式出现的博物馆（另见 Newhouse，1998），可以说相当于有多种多样景点的主题公园。展览馆不仅为文化而存在，还为了文化拥有的维持体验型经济的能力而存在。因此，建筑和设计在为体验型社会提供展示空间上发挥着关键作用。在这个过程中，它们不是无关的旁观者，而是积极的参与者。换句话说，就是"建设工作与建筑师无关，因为建筑作为商品的真正职责，正是积极表达新自由资本主义的抽象结构和概念，并且使其实际生产条件变得神秘化"（Spencer，2016：74）。更重要的是，通过体验型社会，空间的意识形态力量创造了一系列环境。在这里，定义消费者的社会制度使他们更具可塑性，而消费者显然很乐意在这个过程中发现自己。用汉尼根（Hannigan，2005）的话说，建筑的实用性在于，消费空间为消费者提供了他们想要的东西。

它们为消费者提供了所需的原材料，让他们可以想象比自己的生活更有序的生活。

我之前曾提及迪克霍夫（2017）的作品，这位评论员试图抓住当代建筑不朽和照耀的本质，以及它影响城市空间的根本方式。迪克霍夫讨论了这一事实：例如，在现代艺术展览馆中，建筑既是创造性体验，也是一种内在的艺术。迪克霍夫认为，这反映了向"胆战心惊"式建筑进行转变的更普遍的趋势，建筑拥有如同游乐场一般的视觉体验。娱乐和消费的空间逐渐适应了消费者（假设在这方面有一定程度的能动性）的需求（Lampugnani，2010）。以博物馆为例，确切地说是巴黎的乔治·蓬皮杜国家艺术文化中心，兰普尼亚尼（Lampugnani）指出，这一过程最容易通过对建筑本身的消费得到表达，而不是通过其中包含的艺术。对于兰普尼亚尼来说，游客只是在向"文化机器"致敬。因此，任何对艺术进行深入分析的观点都变得多余，"当参观者这样做时，就好像他们是在超市里一样，被迫地不断移动和消费"（2010：251）。人们先消费体验，再消费艺术。就兰普尼亚尼而言，鉴于博物馆实际上已经丢失了它的公共目标，这是值得哀悼的重要事情。

作为娱乐业最重要的"奢侈品分支"，文化只是用来刺激营业额的一种手段：艺术品只不过是装饰性包装的一部分，其核心通常是一座标志性建筑。实际上，对体验的强调使消费者的品位而非艺术，成为其优先考虑的问题。因此，消费者被艺术带到了意想不到的方向，也由此被拒之门外。只有那些能开阔视野，并涉及消费者如何看待自己的东西才是有意义的。对于建筑、设计乃至整个创意产业来说，这意味着它们成了工具。因此，讽刺的是，建筑所憎恨的商业基础正是其存在的理由。当然，重要的是要强调，这本身不是建筑业的"过错"，而是社会发展的必然结果，它迫使建筑将这些矛盾掩盖起来。

泰特现代美术馆与乔治·蓬皮杜国家艺术文化中心有相似之处，它很容易被解读为后工业时代的消费景观，艺术只是达到体验目的的手段。泰特现代美术馆建在伦敦"河畔电站"（Bankside Power Station）的原址上，对社会和文化产生了巨大影响。从某种意义上说，这可以说是普及化的过程，展览馆肯定有助于普及当代艺术。在另一种意义上，可以说它已经破坏了当代艺术，以至于几乎完全将艺术商品化了。如果没有参观过"世界级"艺术家的作品展（当然要支付相当多的额外费用）、书店兼礼品店（像许多这种博物馆书店一样，它原本拥有各种各样的图书，但是这些图书品种逐渐减少，直到更有利可图的纪念品占据中心舞台）和风景如画的咖啡馆或餐馆，那么泰特现代美术馆之旅是不完整的。而所有这些都给人留下了艺术受制于体验的印象。从更积极的角度来看，这些空间提供了充满活力的社会中心，通过互动式社会交往使城市空间充满了生机（Jafari et al., 2013）。然而即便如此，消费继续推动了这种互动。

我们过去可能会认为逛博物馆和展览馆是从消费主义义务中解脱出来，现在已经不是这样了。博物馆和展览馆以出售大众化版本的艺术品为生（Moss, 2007）。博物馆和商店之间的界限越来越模糊，如珀金斯（Perkins, 1995）所述，典型的耐克商店就像体育零售的剧场一样。比起高雅艺术的高深精妙和排他性文化，"百视达"①（Blockbuster）秀与大众媒体的商品化世界更为相似，它们已经成为国际大都会文化的重要组成部分。这让人怀疑，许多展览馆不太关心它们展出的是什么，而更关心它们能接待多少顾客。

当然，人们很容易对这一切持怀疑态度。事实上，博物馆和展览馆冲破了传统，在这个传统中，游客一直被鼓励走自己的探索之路：用自己的眼睛体验艺术。然而，唯有这种"自由"仍处于策展的普遍基础之内，它才有可能达成，但这终归会被认为是固有的消极性和异化。事实上，正如克朗克（Klonk, 2009）所指出的，即使艺术家付出最真诚的努

---

① 一家美国家庭影视娱乐供应商。——译者注

力，试图使展览馆成为关系性的社交空间，但这在根本上仍是空洞的姿态。展览馆的沉浸式本质永远无法被完全接受，观众们只会焦急地徘徊，寻找下一个文化高峰。为此，克朗克（2009）引用了克莱尔·毕晓普（Claire Bishop，2004）的著作，并认为这些努力"再生产了电视真人秀中那种空洞的、人为的、感觉良好的氛围，与展览馆围墙外我们所处的分裂且不满的社会毫无关系"（Klonk：220）。当然，批评家可能会说，这本身就足以与我们所处的体验型社会相关联。

博物馆总是试图根据周围发生的深刻的"社会－经济"变化来重申并重塑自己（Von Hantelmann，2014）。但这里更重要的是，特别是在克朗克对艺术展览馆如同体验空间的分析中，认识到"体验"作为一个类别已经跨越了个人和公众的界限。基于德国哲学家威廉·狄尔泰（Wilhelm Dilthey）的观点，克朗克（2009）认为，展览馆已经开始专注开发本能和直觉的体验，而这一切都是为了将游客的情感自我与展览协调一致。当然，正如库克（Kook）指出的，过去的一切并非全都可以"重新体验"，但大多数可以通过策展进行有意识地编排。艺术和历史都无法按其原样被体验，而只能作为叙事产物被呈现（并可能被淡化）。当然，重要的是要记住，这不是文化消费的全部。例如，艺术家可以在决定这种消费采取何种形式方面发挥关键作用。然而，最具讽刺意味的

165

是，艺术家们越是试图挑战或创造某种替代品，以取代所谓的商品化噩梦，他们就越有可能养活这头野兽，从而使资本主义以多种方式重塑自身（Krauss，1990）。

主题化体验

对艺术的体验和对历史的体验是一回事，甚至 21 世纪文化中的基本部分也各自实现了高度主题化。正是因为艺术和历史永远不可能被完全中立地呈现，它们才总是成为被主题化为特定世界观或意识形态的产物和帮手。文化在呈现叙事方面具有一定潜力，这种叙事可以模糊事实和虚构之间的界限。在这种情况下，建筑是为了诱惑消费者，而主题化是达成这一目标的手段（Gottdiener，2001）。因此，主题化是对产品的慎重定位，它通常缺乏城市背景，作为情感体验或奇遇出现（Herwig & Holzherr，2005）。

在许多方面，体验在模糊界限方面起着关键作用，尤其是在平淡无奇的日常生活与主题化明显暗示的逃避世界之间。第三章详细讨论了主题公园这一特殊表现形式。但在这个阶段，值得考虑的是，体验型社会中体验和主题化之间的普遍关系。主题化是体验型社会的关键特征，其主要特点是借助建筑、素材、表演和技术手段，让消费者沉浸在主题中的能力（Lukas，2016）。换句话说，主题环境包含了商品化的人类互动，并通过符号化的主题装饰向人们传递象征意义。这样的主题装饰可以说以政治和经济自由的名义削弱了建筑环境（Gottdiener，2001；Fernandez Galiano，2005）。这里的主要目的是实现消费者的自我。消费者可以通过这些空间提供的体验来满足需求，但他们能否控制其产生的意义，完全是另一个问题。毕竟，主题环境是广告、经济、媒体、政治甚至历史等交叉意义系统制造的产物（Gottdiener，2001）。

戈特迪纳接着提及了拉斯维加斯的多层次象征环境，并将其视为主题空间的典型例子。拉斯维加斯的极端情况在其他资料中也得到了讨论（例如 Begout，2003）。完全可以说，这是高度沉浸式的空间或空间集合，但它并不仅仅是为了提供娱乐。戈特迪纳（2001）由此描述了一个更普遍的社会，它充满了拉斯维加斯所隐含的象征意义，"由图像主导的创造物越来越多地解决了资本变现的问题，这些主题环境本身就是景点，而且也包含了商品销售的渠道。如今，人们在消费商品和服务的同时，也在消费符号和环境"（2001：15）。戈特迪纳的观点是，这样的空间很重要，它们为消费者提供了产品或服务本身无法提供的附加值。它们提供了空间化相遇（尽管不一定是与其他人相遇），在这里，消费者将自己视为体验的中心。但这一切都是要付出代价的。在讨论20世纪90年代私营企业对城市的影响时，汉尼根（2005）哀悼了公共空间的消亡，以及所谓的"主题公园城市"的风潮。正是这一风潮再生产了无地方特色的、乏味的、同质化的普遍感受。事实上，问题恰恰在于：体验实际上是日常规范。从某种意义上说，主题环境几乎不再是主题化的，因为主题化无处不在。从这个角度来看，有鉴于公众的观念更有可能被纳入体验型社会所包含的主导叙事，任何影响体验的战术手段都是可以接受的。对于汉尼根来说，作为消费体验的焦点，城市所承担的责任对所有真正的公共文化有害。从这个角度来看，我们的城市越来越不关注生活在其中的人们，而更多地关注为游客制造固化的商品化景点。正如平洛特（Pimlott，2007：273-274）所说：

> 拉斯维加斯大道上的汽车场景带有极端人为和戏剧化的操纵，这强化了体验发展的自利取向……这些发展是取代城市及其环境的积极尝试，而非试图扩展它们。通过提议使自己成为这座城市的代理，它们让被"俘虏"的游客——像往常一样，被迫成为消费者——放弃了对这座城市或其可能性进行探索的欲望。

作为主题空间的购物

　　长期以来，购物一直都是城市体验的核心。不可否认的是，近年来，随着商业街和实体零售业的普遍衰落，这种地位日益受到威胁。许多英国城镇的购物街实际上已经变成了"鬼城"，这里充斥着慈善商店和廉价商店，以及那些被木板封住、无人光顾的商店。购物的视觉符号吸引力仍然存在体验的喜悦中，尽管它经常被当作其他东西进行讨论。重要的不再是购物机会的数量，而是仍然存在的机会如何成为自我消费的舞台背景。如今，关于零售业的最新报道往往会让人们注意到这一事实：光有好的产品还不足以吸引顾客，必须与沉浸式体验并驾齐驱，才能为消费者提供逃避的机会（Smithers，2017）。例如，打造牛津西门购物中心（Westgate Oxford）花费了 4.4 亿英镑，其特色是明确承诺"娱乐化消费"（shoppertainment）。在这里，约翰·路易斯与牛津剧院（Oxford Playhouse Theatre）联手合作，在总共 11000 平方米的销售空间中，约翰·路易斯划分出五分之一用于服务和体验，涵盖从时尚建议到个性化圣诞装饰的各类服务。此外，约翰·路易斯通过"体验服务台"精心策划消费体验。这就是购物从功能性活动向休闲型活动的转变，而这使商店有理由在网络时代生存下去（Wood，2017）。

参观新购物中心的游客不仅能观看和被观看，而且可以在这个过程中重塑自己。商场——起码大门仍然敞开的商场——为人们提供所需物品，同时允许他们成为想要成为的人。也许更重要的是，汉尼根（2005）等作者提醒我们，这种再创造的机会建立在不平等的基础上（尤其是考虑到英国的经济衰退和商业街的崩溃）。不仅社会中较贫穷阶层的人无法进入这样的空间，而且这座景观城市的再生产往往会导致特定群体的消失，只因这些群体的存在被认为对再造进程有害。在这种背景下，库尔卡尼和约瑟夫-莱斯特（Kulkarni & Joseph-Lester，2004）提到了零售建筑的幻象化，并认为商品如今深深地融入空间，从而创造了一种新型现实。具有讽刺意味的是，这样的空间声称带来了无限的优点和可能性，以至于观众的想象力被解放出来，并陷入这种景观：

购物者受制于商店的利益，并放弃了一定程度的空间自主权。作为回报，空间以扩展建筑物理极限的方式激发购物者的想象力。消费者被这种梦幻般的景象吸引，忘记了任何理性的购物目的，进入了景观和令人迷惘的幻境……这种错乱的空间作为自由的场所被提供给消费者，而这里的自由必须与资本的需求和动机步调一致……这种梦幻般的景观让消费者的想象力将体验延伸

到不停运转的领域。（2004：14-26）

购物已经成为愈发微妙和复杂的体验，以至于这座城市本身已经成为"拥有无与伦比的娱乐体验的购物圣地"（Moss，2007：115），或者说是终极购物中心。极端地说，购物已经成为公共生活的决定性活动（Sze Tsung Leong，2011）。因此，从某种意义上说，购物体验是神奇的：它为消费者提供了自我探索的极限空间、在不同主题空间移动的能力，而这种体验影响大众想象力的原因是它的想象成分与现实成分一样多。平洛特（2007）指出了他所描述的"即时"城市的打造过程，这是两种空间类型融合后的产物——购物中心（代表城市空间）和拉斯维加斯赌场（代表城市活力）——因此，打造零售环境或零售体验成为主要关注点。对于平洛特来说，这当中确实有强大的操纵因素，尤其是第二次世界大战后对这些区域的热情消费。这样的空间故意变得拥挤，以打造一种无法抗拒的体验，重现战前繁忙的城市街道。这种拼贴式的城市混乱现在已经成为一种生活方式，以至于捷得的弗里蒙特街体验馆①（Freemont Street

①　美国内华达州拉斯维加斯市中心的步行购物中心和景点。——译者注

Experience）和洛杉矶环球影城步行街（Universal City Walk
LA）呈现了不同版本的世界，使我们很自然地感觉到自己只
是在城市舞台上表演。捷得有效地协调了体验，促进了克林
曼（Klingmann，2007）所描述的"强烈的异质性"，从而使
符号和主题被设定在有意的冲突中，因此意义的应用潜力是
无限的。虽然这种环境可以被设计，但它对观众的情感影响
是真实的（Klingmann，2007）。

　　上述过程引发了大量意识形态问题。这里描述的是，
消费者通过想象与消费资本主义产生互动，使一座城市有了
生机。或许能最好地总结这一切的是，前文提到的捷得的建
筑。他的重点项目通常被视为典型的体验式建筑，城市被设
想为一种娱乐模式。但在这里尤其重要的是，以及这本书的
基础是，消费者不再被这种意识形态力量欺骗或剥夺权利。
正如库尔卡尼和约瑟夫-莱斯特（2004：35）所说："现在，
我们愿意放弃对周围空间的控制。作为体验未知幻想的一种
方式。娱乐的矛盾之处在于，其既是自由的场所，也是被剥
夺权利的场所。它同时表达了过度的幻想和操纵的现实。"
体验型社会中的消费可以更激烈，支撑它的意识形态也是
如此。

结 语

体验型社会为消费创造了空间和场所，在这里，消费领域能获取我们的信息，从而增强了控制的可能性。在这种情况下，新自由主义能利用自发性和自我生产的幻象，达到其不正当的目的。因此，斯潘塞（2016）认为建筑符合新自由主义议程。我们所处社会的理想，那些环保意识的理想，那些尚未被市场警戒的理想，以及显然缺乏个体自发性的理想，全都是没有力量的。这是因为人类的本性是通过新自由主义的幌子被再生产出来的，因而离去的自我技术都是为了其自身的目的而被重塑的。这一论点在更广泛的理论背景下具有重要意义。正如詹姆森（Jameson，2007）指出的，它充实了法兰克福学派成员关于晚期资本主义逻辑的整体特征的讨论。这种特征通过消费文化得到体现，并能渗透到万事万物之中。对许多人来说，这刻画了消极消费者的处境，他们极度渴望通过城市及其设计所能提供的体验获得满足。对于迪克霍夫（2017）这样的作者来说，他所说的景观之城已经失去了自由。从表面上看，它可能提供了一个更漂亮的城市，但也是一个过于昂贵的城市。因此，我们大多数人几乎完全无法在这里生活。这座城市最终变成了可以在远处欣赏的地方，可以消费的地方，而不是人类可以繁衍生息的地方。

正如迪克霍夫（2017）和克莱因（Klein）等作者所言，支撑这一切的意识形态过程是，品牌化已经成为生活本身。被品牌围绕的世界开启了体验型世界，而且它不再无足轻重。这种状况还没有存在太久。无论身处何种经济环境，我们的身心都是被体验型社会创造的价值观构建起来的。正如我在本章开头所说，我们生活的物理空间不是中性的，它们为现状注入活力，并继续存活。更重要的是，体验定义了我们与消费城市的关系，并且在帮助我们想象自我的过程中使我们产生了依赖，而这种依赖代表了消费主义意识形态可能带来的最极致的物质表现。体验设计师为我们创造的空间和场所并非偶然，而是特定理性工具的产物（Pimlott，2007）。他们创造了一个驯服的、幻灭的世界，这里充满碎片化的相遇，并且在这里消费为资本主义事业服务。与此同时，空间诱人的狂喜被奉为圭臬，而牺牲了探索未知地方的更平静、更原始的欣喜。

第七章

■■■■

体育景观

在过去的二三十年里，体育的意义发生了根本性的变化。从某种意义上说，这一切都是为了给体育注入附加值，使其在市场上的总价值超过各个部分的总和。或者换句话说，体育和娱乐之间的界限变得越来越模糊（Westerbeek & Smith，2003）。这是将消费重塑为以体验为核心的过程。如果你想知道这一转变的确切日期，那很可能是 1992 年 2 月 20 日，即英格兰足球超级联赛成立的日期。几乎在一夜之间，体育成了体验型消费最重要的组成部分，而作为球队支持者的个性化意义似乎再也不同于原来了。通过深入地分析体育，将其视为体验型社会中引人注目的闪亮灯塔，我们可以进一步揭示这个社会的悖论，同时也可以反思消费资本主义的能力，它给予了一种体验，但却掠夺了另一种体验。

体育商品化

从马克思主义视角来理解体育的产生是长久以来的传统，然而当你更全面地考虑马克思主义对大众文化的学术研究时，便会发现体育在近期仍属于相对尚未开发的研究领域（Carrington & McDonald，2008）。有关这类主题的后期著作倾向关注将文化作为资本积累手段以积极利用（Andrews，2008）。从这个角度来看，这一时期的体育史就是商业化、企业化和景观化的历史。前两个概念的重点在于开发体育实践以获取商业利益，以及在利润动机基础上精心组织体育。正是在这些基础上，体育发展成了由娱乐主导的体验。凯尔纳（Kellner，2003）认为，体育"与用自动化和机器取代体力劳动的社会相关，并且需要消费、挪用景观，从而再生产消费社会"（Kellner，2003：66）。因此，可以说体育是一种手段，个人可以借此学习由竞争抱负、成功驱动的社会价值观。对凯尔纳来说，观赏性体育积极动员观众参与体育，以此颂扬体育的美德和成就。这与过去不同，在工业时代，一切都与劳动和生产有关，或许更重要的是，与为共同目标一起努力的力量有关。体育浸透着资本主义的竞争美德和职业精神。体育能使人们融入整个社会所坚持的价值观。对于一些人来说，体育本质上是阶级实践，应该像资本主义制度本身一样被"粉碎"（Brohm，1978）。从马克思主义的立场来看，体育的作用是遏制侵略性的欲望，并将其中立化为保护资本主义未来的手段。换句话说，体育就像净化机器，它吸收了以全新的、规范的暴力形式出现的阶级斗争的压力。在这样做的过程中，它将群众的精力引导到支持既定秩序的位置上（Perelman，2012）。

上述分析的问题在于，这种方法是否低估了消费者解释和定位复杂关联的能力，这种关联存在于社会控制的结构与体验之间（Miles，1998）。马克思主义对体育的批判仅仅是单一维度的吗（Whannel，1992）？我们可以肯定的是，体育一直都在不断变化，而这些变化中往往包含着消费行为（Crawford，2004）。从某种意义上说，体育作为成熟商品的出现只是反映了更广泛的经济和地理变化，以及图像传送和接收方面的全球性变化（Horne，2006）。但正如霍恩（Horne，2006）指出的，这里最重要的是，无论这个世界对市场开放到何种程度，它并没有设法同时解放消费者。归根结底，购买力与市场力量截然不同（另见 Coates，1995）。正如霍恩（2006）指出的那样，消费实际上是为生产服务的。这让我们认识到，无论体育消费和一般消费能在何种程度上服务我们的自我意识，这都只是它的副产品。体验型社会建立在延续这种原则的驱动力之上；以在消费资本主义的要求下生活为代价，延续了让个人消费者感到自己有活力的世界。

在后工业时代，体育已经与完全实现自动化、由媒体主导的社会携手转型，以至于我们可以毫不夸张地将英超联赛描述为媒体版权销售组织，它只是"碰巧为20家俱乐部提供了球场、裁判和足球"（Clegg & Robinson，2018）。体育是商业野兽。从2019年到2022年，英超联赛的转播权已价值将近50亿英镑。然而就体验型社会的演变而言，更有趣、更深刻的是，体育让球迷参与了超出自我的事件。体育具有公共性，"粉丝"们可以分享共同的意志与欢乐、悲伤与痛苦。而这一切都意味着它可以为观众提供独一无二的热情和激情，正因如此，它也有被利用的危险（Conn，2018；Kellner，2003）。

正是在这种意义上，我们可以将体育视为真正的文化产业，其产品是为大批受众的愉悦制造的（参见Adorno，1991a）。当然，这是长期过程的一部分，在这个过程中，象征价值已经成为刺激消费者需求和推动消费资本主义开拓新市场的首要手段。简言之，正如詹姆森（1991）等作者指出的，晚期资本主义已经将自己重塑为文化生产模式，在这种模式内，经济和文化之间的界限变得越来越模糊。体育已经被彻底商业化，以至于现在几乎无法想象商业形式之外的体育，因而关键可能在于理解体育的商业关联性。例如，波拉特（Porat，2012）谈到了足球的商品化趋势，以及20世纪

90 年代支撑社会变革的市场化进程如何逐步侵蚀了足球在以色列的社群根基。此外，这一切都与商品化有关，"资本主义的终极目标是将所有东西都变成商品——包括劳动力——因为当物品被商品化时，它会被赋予交换价值，然后屈服于市场的逻辑"（2012：443）。这种逻辑是不可避免的，只会因其背后的政治和文化背景而有所不同。在以色列，私有化的出现总是会对职业体育的兴起产生影响，职业体育必须对其周围正在发生的经济变化做出反应，哪怕只是为了生存。当然，马克思认为，只有在更广泛的社会变迁的背景中才能充分理解商品化；当我们思考体验型社会转变的本质时，最有趣的就是资本主义实现这一目标的方式以及借助的机制。

但真正遗漏的是，这一切对于个人消费者意味着什么，以及他们如何融入资本主义"家庭"。在所谓的晚期资本主义社会中，体育的有趣之处在于，大企业在体育的经营和组织中发挥着越来越重要的作用（Giulianotti，2002）。这是由大众媒体推动的关系（Crawford，2004）。现在，人们几乎无法想象英格兰足球总会一直到 1983 年都拒绝直播足球比赛（足总杯决赛除外）。如今，在英国，你几乎可以说足球几乎不存在于天空体育台（Sky Sports）、英国电信体育台（BT Sport）、英国广播公司（BBC）和英国独立电视台（ITV）的信号范围之外。这是它自己的媒体现实。仅天空体育台一家，每个赛季就直播了 126 场英超联赛。而亚马逊获得了 20 场比赛的转播权，以此打破了天空体育台 / 英国电信体育台的垄断地位。其关键在于，在很久以前，足球和媒体之间的关系就已经消除了比赛日体验的直接性。同时，在媒体对体育应该是什么样的描述下，这种情况变得越来越抽象和温和。足球位于全球化的支点上，也是活生生的资本主义现实化体现。依靠着令人屏息的、"瞬间的闪光"和快速经济回报的承诺，资本主义得到了蓬勃发展（Perelman，2012：77）。媒体的任务是提供以英超联赛和欧洲冠军联赛为代表的优质足球节目。自 2000 年以来，欧洲顶级联赛俱乐部的总收入是原来的 3 倍（MacInnes，2018）。与此同时，甚至有人认为，体育和媒体已经联合起来在某种程度上对世界进行了"改造"，从而使"活生生的现实与其表现之间的差异永久性地模糊了"（Perelman，2012：94）。

体育名人

体育明星是保持体育事业运转的润滑剂。那么名人对我们的消费方式有什么影响呢？消费体现了我们的哪些问题呢？卡什莫尔（Cashmore，2014）认为，通过将名人的名字附在特定产品上，这些产品被赋予了一定程度的个性，这种个性是它们通过其他方式无法获得的。例如，消费者可能并不喜欢某个特定的手机公司或某个品牌的洗发水，但通过将某个名人附在该产品上，消费者对该名人的崇拜就会转移到该产品上。作为消费者，我们下意识地利用名人的特质：他们让我们自我感觉良好。当前媒体主导的世界完全被图像占据。体育并不是与世隔绝的，并且体育创新表明了它确实有助于社会发展，反之亦然（Smart，2005）。一个很好的例子是最近发展的球场技术，用于支撑网球和足球等运动的决策。如果没有电视，这种发展根本不会发生。然而它们从根本上影响了结果，无论好坏，它们都会改变比赛的自然节奏。

回到体育名人的议题上，可能会有人认为，我们所见证的过程实际上是一种转变，从崇拜体育英雄转变为把名人捧上神坛（通常会跌落神坛），前者在某种程度上是"自然的"，而后者是人为制造的；可以说，我们今天崇拜的名人并不像过去那样"真实"。

迈克尔·乔丹（Michael Jordan）当然是有史以来全球最伟大的体育名人之一。乔丹是一位技术高超的 NBA[①] 超级明

---

① 美国职业篮球联赛（National Basketball Association），简称 NBA。——译者注

星。但也许比这更重要的是，1998年6月，《财富》(*Fortune*)杂志估计，在整个职业生涯中，他不可思议地创造了1100亿美元的附加值。在球场上获得胜利的同时，又在商场上获得了成功。"想做就做"(Just Do It)的口号意味着像乔丹一样，任何人都有能力实现想要实现的目标，而这本身就是很难得的商业行为(Kellner，2003)。迈克尔·乔丹的出现促成了体育作为体验的兴起：这证明了体育不仅能提供行为榜样，而且能为消费带来商业价值和相关消费产品(如训练鞋)，从而让消费者感觉自己是其中的一部分。但这只是故事的一面。休森等人(Hughson et al.，2005)认为，当年轻的体育明星成为与世隔绝的名人时，令人担忧的是，他们必须成为行为榜样，因而"似乎承担着更大的道德义务"(2005：109)。休森认为，正是通过这种方式，体育小心地与更普遍的社会规范和期望相协调，尤其是在规范年轻职业足球运动员道德与行为方面(Blackshaw & Crabbe，2004)。因此，甚至一些不当行为和违法行为也在文化上被消费，并以这样的方式滋养了定义我们的体验型文化。名人的世界变成了"我们的世界"：大众媒体强迫我们消费，而我们正是通过这个镜头看待世界。因此：

　　　　笼罩在英国职业足球上的"危机"……提示的不是

一些违法行为的恐怖，也不是任何真正的、普遍的道德
厌恶，而是将这些行为呈现为供公众消费的一场刺激性
表演。没有"道德恐慌"，只有肥皂剧丑闻。我们直面
道德的精心展示，它自身有迂回曲折、插曲和转折。我
们全都参与其中，这让我们可以"安全地"消费他人的
行为。（Blackshaw & Crabbe，2004：178）

这里的问题涉及消费者在体验型社会中实际消费的东
西。媒体当然会淡化并个性化足球体验，但在体育体验提供
的保护罩中，还有一些吸引人的东西。这里有一定程度的正
在进行的共谋：即使是越轨行为也会被展示，甚至人类最恶
劣的行为都会被美化和商品化（Blackshaw & Crabbe，2004）。
消费者是共谋者，他们允许这种情况发生并寻求体验，这可
能是为了反思，或者实际上是为了偏离日常生活方式。但更
重要的是，体育成了消费者的世界，尤其是在社交媒体的背
景下（参见第五章）。这使得不论其真实性如何，每个人都
有权表达和分享自己对媒体最新报道的体育趣闻的感受。在
体验型社会中，任何人的意见都不比其他人的意见更令人信
服。媒体的影响如此之大，以至于消费者受到美化：体验之
外的世界让消费者得到解放和支持，使他们觉得自己确实重
要，何必要让他们远离真正重要的事物呢？但体育是如何让

这一切发生的呢？

调节体育景观

顶级赛事是真正的全球性机构。仅曼联一支球队就在全球拥有约 6.59 亿支持者。显然，这些球迷中只有很小的一部分能亲眼看到这支球队的表现。大多数球迷与曼联的接触是一种景观消费，既可在体育场内立即获得，也可在自己舒适的家中观看更壮观的景观。因此，将体育视为景观，或许提供了最有用的信息。

最有益的理论方法是居伊·德波（1995）的著作，我曾在第二章给予详细讨论。德波将景观视为理解消费社会的隐喻式关键：作为意识形态的景观概念。德波感兴趣的是大众媒体技术的视觉欺骗性，以及调节后的图像如何在构建客观现实的同时处于经济领域的中心。商业、体育和电视之间的关系创造了令人兴奋的组合、娱乐高潮，正如安德鲁斯（Andrews，2006）所说，它融合了人类体验的各种意义（如胜利、悲剧、成功和失败、英雄主义、邪恶），与此同时在感官满足的幻觉中，使整个体验变得人性化和个性化。根据德波的说法，景观社会创造了一系列条件，从而使商品在为自身构建世界时是全能的。

体育体验的有趣之处恰恰在于：这种过程以经过特别验证的方式滋养了一种自我意识。这不仅仅是球迷去现场看比赛或在电视上观看比赛这么简单。我们对英超联赛的理解，很大程度上是媒体话语的产物，这些话语过滤了我们参与热爱的体育运动的方式，其作用是强化或夸大我们与体育运动之间的联系。因此，布莱克肖和克拉布（Blackshaw & Crabbe，2004）认为，球迷们在沙发上消费的东西实际上是为他们的消费设计的。"他们"这个词在这里尤为重要，在一系列可获得的媒体选项之中，个人能以自己认为合适的方式消费体育景观。消费者被呈现给他们的夸张场面吸引。这项体育运动的调节化版本是激动人心的、令人兴奋的，因此，这为球迷提供了可能无法通过日常生活获得的强烈情感。从这个意义上说，球迷们并不消费体育，而是在体验体育。

很久以前，法兰克福学派发现了一种转变，即我们的消费内容提供了一种安抚手段。曼泽雷特（Manzenreiter，2006）在他的作品中也探讨了这一点，他指出"商品拜物教妨碍了主体满足自己的实际需求，并且通过将主体个性化，破坏了任何集体形式的社会。尽管如此，为了稳定统治结构，这些主体还是被迫采取统一的行动和思想"（Manzenreiter，2006：153）。在包罗万象的景观的伪装下，消费者成了自己剧本中的主角。这一景观所隐含的表演性将个人置于前台。当球迷们看到自己支持的球队被踩蹋，他们的表情十分绝望，就像是输掉了一场重要的比赛，但是当他们发现自己出现在体育场的大屏幕上时，就会重新变得欢欣鼓舞。这一老套的画面说明了我们需要了解的一切。在这一刻，体验不再针对体育赛事，而是为了通过赛事定位自我。支撑这一切的正是人类存在的脆弱性，以及这些脆弱性如何轻易地被利用，以实现所谓的经济利益。但这里的重点是，相比于过去，消费者更深入地参与并促成了这一过程。消费者充分意识到媒体拥有的权力，而且似乎也接受这种权力。

在许多方面，与景观和奇观的关系愈发深入地影响了晚期资本主义社会，以至于"表演者"及其观众之间的区别越来越模糊（Crawford，2004）。克劳福德（Crawford）将球迷们的表现描述为受操纵、有纪律的狂欢，它鼓励特定形式的商品化行为（如唱歌和反复呼喊），同时阻止其他行为（如暴力或酗酒行为）。许多评论员指责所有关于景观的概念都是模糊和单一维度的（参见 Horne & Whannel，2012）。该批评在很大程度上是基于这种观点，即关于景观的主张是对复杂现象的简单化，通常是来自左翼分子的谴责。霍恩和霍内尔（Horne & Whannel，2012）质疑了体育景观的狂欢性质，以及在何种程度上它产生了超出直接范围的真正影响。

在巴赫金（Bakhtin，1984）看来，狂欢构成了以自由、平等和富足为特征的另类社会空间。在狂欢的空间中，每个人都是平等的。狂欢是乌托邦式的，它提供了片刻的逃离，使人们摆脱日常生活而获得自由：此时此刻，个人拥抱当下，生命被直接包裹在欢乐的氛围中。狂欢精神提供了解放人类意识和开发人类潜力的手段，这涉及重要的心理维度。正是狂欢为人类的想象力开辟了道路。正如鲁宾逊（Robinson，2011）在讨论狂欢概念时指出的，狂欢所带来的黄金时代，不是因内在的思想或体验而生机勃勃，而是更彻底地因整个人全身心地投入而有了活力。但是巴赫金所描述的狂欢取代了主流意识形态的正统观念。它与刻板规范背道而驰。正如鲁宾逊所说，"在狂欢中，一切都是不断变化的、好玩的和不确定的。原本沉默的声音和能量，通过倒置、贬低和亵渎，将等级制度推翻"（Robinson，2019）。狂欢会让我们感到充满活力，但是或许它所隐藏的和所揭示的一样多。

这里所描述的狂欢，似乎与体育和体验型社会如今呈现给我们的狂欢截然相反。在某种程度上，体育景观的现场体验提供了一些幻想感和社交快感，例如，球迷之间的矛盾。借助共同的力量感，以及人群提供的归属感，这种氛围出现了。举个例子，作为诺丁汉森林队的球迷，不管多远，一个赛季中我总要看几场比赛。在其中一场赛事中，"我们"参加了当地的比赛，而我根本不清楚对手是哪支球队。对手球队保持 2 比 1 领先，直到最后一分钟诺丁汉森林队才扳平了比分。体育场沸腾了。这是极度激动的时刻，个人和共同的情感一起迸发。一位年轻的诺丁汉森林队球迷站在我旁边，大约 8 岁。当人群沉浸在欢乐中时，我把他抱起来，抛向了空中。在正常情况下，这种行为是不可接受的，但在那一刻，它只是共同体验的一部分：对完全不可思议的时刻的本能反应。正是在这里，朱利亚诺蒂（Giulianotti，2011）谈到了现场足球比赛所能提供的紧张体验：震撼、流畅和包罗万象。或者可以将这里发生的事情视为日常生活审美的一部分。消费者也许有义务把周围的世界当作为他们展示的演出，并且在这当中体现出某种强度（Abercrombie & Longhurst，1998）。早在 1992 年，约翰·菲斯克（John Fiske）就认为球迷们在语义上是多产的，他们的体验涉及意义的创造，以及与其他球迷共享意义。在这个过程中，球迷们会产生，或许还会构建一种认同感。然而，这种行为必然会推动市场。消费资本主义重振了我们的自我，但在这个过程中，它重振了消费资本主义。

足球很可能仍然是最不折不扣的商品化体育运动。我们消费足球的方式并不是毫无节制的。我们对足球的体验就像对其他任何体育运动一样，却被放大到了极致。这种体验只能被理解为体育公众被严格控制的大环境中的一环。正如朱利亚诺蒂（2011）所言，足球体验仍然是高度安保的，甚至是被审查的，尤其是在英国。1989 年的希尔斯堡惨案[①]中96 名利物浦球迷身受致命伤，随后 1990 年的《泰勒报告》（*Taylor Report*）推行了全坐席体育场。在足球进一步商品化的过程中，可以理解的是，它必须改头换面以迎合中产阶级和世界各国的口味。而这创造了一种"产品"，它淡化了公共景观，并破坏了体验所提供的"幻想生活"。我们通过消费足球来表达个人对所支持的体育运动和俱乐部的激情。但这种激情只不过是一种调色板，它使我们既可以逃离自我，同时又可以发现临时版本的自我。

自恋景观

现阶段，也许我们应当考虑体育的独特潜能及其与社会变迁的普遍联系。拉什（1979）在其著作《自恋主义文化》

[①] 1989 年 4 月 15 日，在英国谢菲尔德希尔斯堡体育场举行的利物浦队对阵诺丁汉森林队的足总杯半决赛中，发生了严重的踩踏事故，96 人丧生，200 多人受伤。——译者注

（*The Culture of Narcissism*）中提出了最有趣的体育转型路径之一。拉什讨论了 20 世纪下半叶关于体育的话语发展，其中，工作变得抽象和人际关系化，成了禁锢自我的保护壳。相比之下，体育提供了不那么理性化的舞台，它再现了童年时期的活力和逃避，至少在后工业时代到来之前是这样的。"商业化将游戏变成了工作，使运动员的快乐从属于观众的快乐，并使观众处于被动状态，这与体育想要促进健康和提升活力的目的恰恰相反"（Lasch，1979：103）。对拉什来说，这里发生了一些非常重要的事情。体育重申了共同的文化价值观，但在其他方面主动破坏了这些价值观。因此，他描述了体育标准的降低，从 40 年前开始，体育就被电视的无限度承诺诱惑，并且向这一过程妥协：在这方面，立即就会想到斯诺克速度赛以及向天空电视台出售板球对抗赛的转播权。由此而论，拉什将体育观众描述为"感觉饥渴"的人。拉什提到的冰球例子更为恰当：戏剧性的暴力已经成为人们消费冰球的焦点。因此，体育成了自身景观生产出来的产物。因此，体育景观不应被认为是理所当然的：

在今天，世界被视为一系列景观，也就是说，它被视为需要关注的事物。人们、物品或事件不再被忽视，相反，它们组成了吸引观众的表演。在世界充满表演性

190

实体的同时，当代社会的典型人格结构是自恋式的……
个人想象自己在一群观众面前表演。（Abercrombie &
Longhurst，1998：97）

其中一个特别形象的例子就是拳击世界冠军泰森·富
里（Tyson Fury）。富里过着丰富多彩的生活，他将大部分生
活描述为一场表演。他扮成蝙蝠侠出现在新闻发布会上，挑
衅对手、发表有争议的言论。富里最近在沙特阿拉伯的世
界 WWE 摔跤比赛中，通过与对手布劳恩·斯特罗曼（Braun
Strowman）的"搏斗"，进入了"体育娱乐"的世界。富里
也谈到了他的野心对心理健康的影响。在最后一场拳击比赛
中，他身着华丽的星条旗短裤、传统的阿拉伯服装进入摔跤
场，富里无疑在刻意取悦那些有点愤世嫉俗的人们。他及其
周围的人都在有意打造体育狂欢，这比简单地举办一场激动
人心的体育赛事更刺激。富里所做的事情为这些赛事赋予了
额外的意义，从而扩大了观众可参与的范围。换句话说，作
为体验型社会的典型人物，富里说服了他的观众，让观众认
为自己可以以极富人情味的方式理解富里及其个人斗争。富
里呈现的商品化是景观式的，甚至是狂欢化的，但是消费者
接纳了这种狂欢并把它变成了自己的狂欢。

板球和景观的力量

让我们更深入地思考下"景观化"过程。在板球运动中，能找到景观化的最佳例证。近年来，随着印度板球超级联赛（IPL）和更普遍的 T20 板球的重新兴起，板球运动得到了重塑。板球革新的耀眼光芒——印度板球超级联赛成立于2007 年，它与迄今被视为这项运动的黄金准则的测试赛（一场比赛持续 5 天，包含 4 局赛事，通常以平局结束）截然相反。印度板球超级联赛的新模式是指，在 4 月、5 月为期两个月的高强度比赛中，每次比赛中两支队伍互相对抗，每支队伍的击球轮数压缩到 20 轮。拍卖程序让球队可以在比赛期间空降球员，从而加剧了人们的兴奋感。2015 年，印度板球超级联赛为印度贡献了 1.82 亿美元的国内生产总值，这一事实说明了该项赛事的巨大商业实力。印度板球超级联赛是电视现象，仅在印度观众就累计达到 2.95 亿。在 2009 年 3 月，印度板球超级联赛与多屏媒体签署了为期 10 年、价值 18 亿美元的广播协议，而目前其品牌估价为 63 亿美元（Khondker & Robertson，2018）。

最有趣的是，印度板球超级联赛如此大张旗鼓地重塑了板球。T20 是关于速度和力量的比赛，它的核心是大力击球和快速得分，正如孔德克和罗伯逊（Khondker & Robertson，

2018）指出的那样，这与过去的板球所具有的绅士风度形成了鲜明对比。这是纯粹商品化的板球，它的出现反映了印度社会普遍的统一化消费。从这个角度来看，印度板球超级联赛就是通过积累队伍的收益，或者更确切地说是"特许经营权"，将市场逻辑强加给这项运动。通过联赛附带的产品，以及对体育运动本身的消费，它成了利润最大化的神谕。除此之外，印度板球超级联赛毫无意义。这是景观化的板球运动，同时也在引诱印度新中产阶级（估计有 6 亿人）以一种新的姿态探索消费自我：作为娱乐的体育（Khondker & Robertson，2018）。

因此，孔德克和罗伯逊（2018）将印度板球超级联赛描述为"去地域化"，尤其是因为它的存在显然更依赖电视的影响力。从这个意义上说，观众不过是这场景观的一部分：将球打出体育场，象征着适时燃放了烟花。这都是比赛的一部分，用以达到景观目的的手段。我们能从中了解到消费的哪些变化？这是否仅仅意味着，剥去体育运动隐含的原始忠诚，就排除了它的核心要素，还是有更复杂的事情发生？可以说，印度板球超级联赛说明了当代体育产品提供的体验并不像它看起来的那么个性化。然而，其景观本质无疑以一种不同的方式影响着观众。这让我们回到拉什（1979）的著作中，他认为，体育运动是为了赢利而出现的，这继而产生了深远的心理－社会影响：

> 没有人否定参加体育运动的好处——不是因为它能锻炼身体，而是因为它能带来欢乐和愉悦。然而，正是通过观察那些精通了某项运动的人，我们才能得出衡量自己的标准。通过富有想象力地进入他们的世界，我们以更高的方式体验了失败的痛苦和面对逆境仍坚持不懈的努力。与其他表演一样，运动表演也会唤起一系列丰富的联想和幻想，强化人们对生活的无意识感知。只要表演的质量能引起情绪反应，观看体验就不比白日梦更"被动"。（1979：107）

这里的关键是像板球和印度板球超级联赛这样的体育运动激发的情绪反应：它们强化了体育让我们为自己打造的梦境。对拉什来说，体育的美在于消费者有机会躲进它提供的假象中。具有讽刺意味的是，拉什似乎在哀叹的正是——所谓的对体育体验情感核心的破坏——最近将体育重塑为体验时所利用的东西。拉什确实指明，体育已经堕落为景观。从这个角度来看，体育的成功和意义在于，它如何被赋予意义，并由此成了普遍的生活方式。然而，体育终归是相对微不足道的活动。这正是拉什所描述的"对幻觉的攻击"：体育在最佳状态下创造出来的现实幻觉。

但是拉什描述的过程已经演变为比他所想象的更具说服力的事物，现在它似乎将作为娱乐的体育概念与某种幻想结合起来，而历史表明这种过程将会破坏这种幻想。借用吉卜林（Kipling）常被引用的诗句和温布尔登中央球场入口的题词，体验型社会的力量是："如果你能遇到功名与不幸，请将两者同样视为虚妄的幻想"。幻想和景观不再冲突，而是已经成为一体，从而使消费者变得强大，但同时又无能为力。这种景观已经变得个性化，从而使体育提供的非凡慰藉被纳入了意识形态同质化的过程。这证实了消费资本主义无止境的实用主义及其重塑自身的能力，在这种情况下，它变得既遥远又亲近：但不会过于亲近。这是为了自我而娱乐并娱乐自我。

结　语

上述讨论让我们回到了凯尔纳（2003）的观点，即体育爱好者成为超出自我的一部分。在体育被媒体界定的世界里，这一过程必然会被强化。媒体使通向自我的道路看起来像是个性化的，但实际上却愈发受到限制。选择在卫星电视上或是在网上观看俱乐部的所有比赛，并不是为了解放消费者，而是为了将个人与严格受限的自我捆绑起来。支持者投身自己喜爱的俱乐部，但这样做意味着屈从于无足轻重版的自我，因为这个自我是由极度同质化的调色板构建起来的。在推动上述进程方面，媒体不一定比 20 年前更强大，但却更加细致和全面。因此，它能够定制个人的体育消费，使体验消费内容的方式在自我认知中占据更重要的地位。

体育爱好者们确信自己能够制造体育运动和归属感，而体验迫使他们利用这种感觉过滤自我认知。梦幻体育联盟①就是很好的例证，它们有效地使运动员非人化，并将消费者／爱好者置于消费体验的风口浪尖（Ploeg，2017）。然而，看似可以选择的大量选项实际上意味着自我的投降。通过忠诚于体育获得的身份看起来当然是深刻的，从某种意义上说也确实如此。但是，这种身份终究像是一场海啸，冲走了所有其他可能性。因此，体育爱好者与俱乐部或体育英雄的虚假关系为他们带来了体验，而这也是他们认识自己的唯一途径。"在体育赛事中，爱好者成为比自己更伟大的事物的一部分，参与赛事为他们提供了意义和重要性，以及一个更高的集体自我，融合了在胜利中欢乐、在苦难中受折磨的精神"（Kellner，

---

① 指电脑游戏，可选择自己的球队并对其进行管理。——译者注

2003：69）。关键问题是，消费者能在多大程度上主动抵制难以抗拒的诱惑，或者是否可以不尝试这样做。被动性是一个有趣的概念，它将焦点集中在人们消费体育盛事的方式和原因上。体育的消费体验是"被动"的吗？球迷们感到自己可以使体育体验个性化，这一感觉纯粹是幻觉吗？在2019年4月，托特纳姆热刺足球俱乐部向大众媒体和公众开放了其最先进的体育场。该体育场的主要卖点在于，它不仅为观众提供了观看球队比赛的场所，而且还提供了"世界上最棒的观看体验之一"：一个在比赛前后都可以停留的地方。该体育场包含小啤酒厂、面包店、带USB端口的座位以及酒吧。一个你想去逛逛（和消费）的地方。但这不是一个你可以自己创造的空间，不是吗？

体育运动有多种形式。在这一章，我主要关注的是体育景观：从远处或者至少间接地消费体育。通过日常生活中运动体能的映照，我所描述的这类过程得到强化，尤其是通过，例如个性化的健身，以及某人在夸耀身体的过程中构建自我意识的方式（参见第二章和第三章）。这也有重大的心理影响。格雷夫（2017）认为，健身房的消费在某种程度上是一种使命、一种自我调节的过程，"但是社会真正回报的不是私人自由和私人休闲，这确实出乎意料。这种回报是一系列对身体的自我管理，将身体作为一种社会性吸引力带到阳光下"（2017：6）。从某种意义上说，在健身房锻炼比支持俱乐部或球队更孤单，但是在健身房或者在街上跑步根本不是孤立行为，它们展现了个人消费者屈从于与身体有关的自我概念，屈从于被别人消费的身体。这一过程极具讽刺意味，它将个人置于外表主导的自我概念之中。个人对身体的研究越多，对身体的再造就会越多，对社会理想的再生产也会越多。格雷夫描述的过程与我对体验的讨论高度相关。健身消费者在公众面前炫耀自己，个人身体状况的隐私是每个人都可以享受的景观。在这一过程中，任何对摆脱束缚和健康优势的追求都不可避免地丧失了，因为没有什么比定义个人的体验更深刻。

考虑到体育运动与身份的关系本质不断变化，同样重要的是要记得作为生活方式的体育运动的兴起及其在自我建构中的作用。这类体育运动包括冲浪、滑板、滑雪和帆板运动，它们与上述提到的所有运动一样受商业化进程的制约。例如，比尔和威尔逊（Beal & Wilson，2004）讨论了滑板作为大众产品的演变。他们指出，滑板运动作为体育运动的合法化给滑板者带来了极大的乐趣和个性化的重大机遇。滑板运动，尤其是对男性来说，完全是关于冒险和粗犷个性的表现，它们再生产了传统的阳刚概念。消费所做的是有效地掩盖这一过程，它很容易把重点放在消费体验的解放性元素上。当这些元素快要显现时，它会继续强化消费社会中不太理想的方面。换句话说，我们对体育运动的参与越直接、体验感越强，或者越能说服自己这由我们创造，它就越能控制我们是谁或者是什么。

正如我上面指出的，至少对于那些真正参与实际体育活动的人来说，这显然在很大程度上是因为体育本身就是一种具体的体验形式。例如，休森等人（2005）反思了运动型身体与性别和阶级之间的关系。因此，他们运用现象学的方法讨论了女性在何种程度上体验了将她们构建为身体性主体的社会化形式。由于男性享有父权社会的好处，他们被鼓励以女性显然无法达成的方式"运动"，因此女性身体能够"探索"的空间明显比男性更有限。作者讨论了作为文化资本形式的体育运动，以及参与不同的体育运动如何反映个人的阶级地位和教育，尤其谈及了皮埃尔·布尔迪厄[1]（Pierre Bourdieu，1986）的作品是如何阐述这一点的。一个很好的说法是，事实上，工人阶级卷入了"必备爱好"中。换言之，体育运动与所有其他形式的消费活动一样，并没有赋予消费者随心所欲消费的自由权。相反，它们更倾向工具性而非审美性的消费方式（Hughson et al.，2005）。

---

[1] 皮埃尔·布尔迪厄（1930—2002 年），法国社会学家、人类学家。——译者注

因此，与中上层阶级更加具体的品位相比，工人阶级的消费者被认为可能更倾向即时满足。在基本层面上，这向我们展示了由阶级定义的体育景象：上层阶级参与狩猎、击剑和马球运动；中产阶级参与瑜伽、跑步和橄榄球联盟；而工人阶级参与足球、橄榄球联盟和拳击（媒体经常将其描述为"走出贫民区的路"，无论这条路在哪儿）。但问题不仅在于教育和阶级决定了你对体育的兴趣，而且在于这些体育运动也有一些决定性的特点，你不可避免地会被这些特点吸引。例如，据称中产阶级被吸引到有长期回报的体育运动中，而工人阶级则被认为依赖英超联赛的壮观场面所提供的即时满足感（Hughson et al.，2005）。上述讨论关注的是消费者"感受"运动的方式。我们追随运动不是出于自由选择，而是因为（阶级）历史决定了我们看待世界的方式。无论能否从表面上理解布尔迪厄的观点［例如，有一种观点认为，自布尔迪厄写下他的开创性作品《区分》（*Distinction*）以来，阶级界限已经模糊不清］，我们都可以进一步反思，个人的体育体验以及体育景观如何根据我们的出身背景对我们产生不同的影响。你可能会争辩说，假设工人阶级的存在形式仍然像过去一样，那么会更容易受到这里讨论的那种妥协的心理 – 社会过程的影响。但归根结底，我要说的是，我们不是由阶级包含的那种结构和影响决定的，而是体验型社会已经能够在（至少部分地）超越阶级动力的同时强化它。这让我们如此深信，我们有能力探索独有的体育激情之路，以至于我们心中只有这个世界和我们想要栖居在这个世界的方式。这听起来可能像是在直白地指责自恋，但它表明了体育爱好者们正以非常复杂的方式被塑造，这种方式最大限度地提升了他们对消费的服从，并削弱了有效自我管理的能力。从这个意义上讲，这并不是自私，而是在充满体验的世界中失去了自我，而这个世界恰好承诺了给出自我。

我们可以因体育为自我所做的一切而歌颂它，但它终究会是快乐和支配的场所：

> 它既包括从上面强加的权力，也包括来自下层的自主的乐趣。它体现了劳动过程的剥削，即便它提供了自娱自乐……将体育夸大为超凡的生命形式，认为它超出社会或体现社会的最佳方面，是完全荒谬的。相反，将体育视为一种自我技术，同时也是一种支配技术，则是有道理的。（Miller，2009：190）

当然，我们仍然通过承诺、关系和志向来维持日常生活，但花费一半时间通过消费提供的体验世界来逃避这些。

但仅仅把这描述为逃避是远远不够的。当然，你可以辩称，它并不是对更超乎寻常的意识形态层面的展示，事实上它传递的是我在第一章描述的所谓休闲社会的一些基本特征。但在我看来，这样的解释总是有误导性和具有理想主义的。体验型社会被一种状态定义，在这种状态下，个人极为个性化并且被体验主导和容纳。而这意味着浮现的事物——既讽刺又过时——等同于过去的大众社会。在体验的世界中看到的大众社会是一个自我比过去距离我们更远的社会。我们不是法兰克福学派成员声称的那种消费受骗者或受害者，因为接触的体验能让我们借助消费实现自我（参见 Swingewood，1977）。但毫无疑问的是，这一复杂过程的潜力是巨大的：它以超出我们控制的方式给予了自我，同时又带走了自我。这正是因为它看起来如此真实，好像是我们自己创造的一样。正是在这个意义上，体验型社会给予了一种体验，却带走了另一种体验。

第八章

咖啡馆体验

在本章中，我想重点关注体验型消费的具体例子，以进一步阐述体验型社会的概念，并更仔细地讨论向体验型消费的转变告诉我们作为意识形态力量的消费本质正在发生什么样的变化。为此，我想把重点放在咖啡馆上。它是一种典型的城市空间，体验型消费在其中蓬勃发展。咖啡馆的数量呈指数增长。自 20 世纪 70 年代以来，在英国，咖啡馆的数量已从 10000 家增加到 24000 家。与此同时，咖啡师每年提供约 24 亿杯咖啡，并且每年对英国经济的贡献略低于 100 亿英镑。这简直就是一场商业革命，或者说"文化革命"。据估计，在英国，到 2030 年时，咖啡馆的数量将超过酒吧的数量。这一趋势本身就说明了问题，意味着远离酒精消费的文化转型。英国消费者喝酒越来越少（在英国，每周有21 ~ 25 家酒吧关门），并且他们喝酒的口味似乎也在改变

（Poulter，2018）。例如，杜松子酒和精酿啤酒越来越受欢迎，而酒吧同时也被重新定义为一种家庭体验。消费者社交的显著变化不仅表明了品位的变化，还表明了消费者社交的方式以及消费塑造个人的潜在作用也在发生变化。关键是，消费者选择喝什么并不那么重要。重要的是消费如何支撑了在体验型社会中生活的意义。

为什么是咖啡馆

长期以来，咖啡馆一直是消费文化评论员的兴趣所在。汤普森和阿塞尔（Thompson & Arsel，2004）的文献开辟了这方面的研究，我将要深入分析他们的观点。汤普森和阿塞尔特别关注了星巴克，并将其视为企业资本主义全球化的文化图腾。因此，在本章接下来的内容中，我将特别关注在星巴克的体验。他们讨论的起点并不是全球资本主义的无所不能和均质化，而是消费者至少有一些潜力来创造性地利用这些场所为他们提供意义。汤普森和阿塞尔承认，星巴克等空间旨在提供主题化服务环境，它通过"充当消费者行动、思考和感受的文化模式"（2004：632）塑造消费者的生活方式。因此，星巴克构成了霸权性场景，它将象征性、竞争性关系与占支配地位的体验式品牌联系起来。

但这里的要点是，体验式品牌并非单枪匹马地运作，而是与消费者共同运作。在咖啡馆闲逛的人是寻欢作乐者，他陶醉于咖啡馆提供的景观：这不仅涉及人际交往，也是某种短暂的消费体验，以及由咖啡馆提供的对他人生活的一瞥（Thompson & Arsel，2004）。汤普森和阿塞尔认识到，消费者区分了星巴克同质化体验的不真实性和地方咖啡馆的理想化及真实性。消费者还区分了将咖啡馆视为景观的咖啡爱好者，以及与此相反的地方主义者，他们在咖啡馆中看到了将特定的社会价值观和政治信仰结合起来的可能性。因此，地方主义者没有看到，在他们谴责全球同质化的星巴克时，这些极其相似的特征也出现在当地咖啡馆中，甚至以更微妙的方式出现，而这无疑破坏了这些场所的"真实性"。将咖啡馆，尤其是星巴克，想象成"咖啡主题公园"可能会更有好处：这是一个公共空间，消费者可以在这里喝咖啡，并且同时感受到匿名性和归属感。格林什蓬（Grinshpun，2014）在关于日本星巴克的研究中谈到了这一点，她认为星巴克使用了特殊的视觉词汇。这涉及将记忆替换为想象，以此鼓动消费者接触与自己无关的历史文化。它是"伪造的景观"，使消费者能将自身的文化关联塑造成超越地理位置和历史特性的空间。因此，与主题公园非常相似，星巴克将空间包裹在文化装饰中，从而包装了咖啡体验，促使消费者购买姜饼和拿铁。例如，让消费者相信自己正在体验非日本的文化：

> 星巴克开发了全球连锁模式，重塑了日常用品，并将其改造为吸引长期消费的根本，由此提供了一个视角来理解外国和地方氛围之间的相互作用如何形成了新的文化品牌词语……全球和地方并不是以二分法的形式出现的，而是以动态的想象结构出现的，二者之间的关系根据语境不断切换。（Grinshpun，2014：360）

作为体验式图腾的星巴克

星巴克是全球化的图腾，也是体现咖啡体验力量的惯用符号。该公司估值约 600 亿英镑，每周在 78 个国家和地区的 30000 多家咖啡馆中，为 1 亿多顾客提供服务（Aldridge，2019）。星巴克是咖啡巨头，也许还是将消费体验最大化以获得经济效益的典型例子。星巴克前首席执行官霍华德·舒尔茨（Howard Schultz，1997）在《将心注入：一杯咖啡成就星巴克传奇》（*Pour Your Heart Into It: How Starbucks Built a Company One Cup at a Time*）一书中概述了他对公司的愿景。

对于舒尔茨来说，星巴克的成功建立在"独特而神秘，但纯美国式"的品牌上（1997：107），它有效地重塑了咖啡体验。然而比这更重要的是，在本书中，星巴克如此重要的原因在于它的日常性体现了美国消费者与市场相联系的方式，以及消费者通过体验达成这种联系的方式（Simon，2009）。

对于星巴克提供的一切，体验的概念至关重要。甚至可以说体验是星巴克最重要的产品，而咖啡只是达到目的的手段，即达到人际关系目的的手段（Thompson，2016）。舒尔茨（1997）认为，星巴克的好处在于它能为消费者带来浪漫的火花，让他们远离日常生活。咖啡是平价奢侈品、熬过一天的个人奖励。除此之外，星巴克商店还提供了迷你避风港：令人耳目一新的事物，同时也提供了与其他人进行休闲社交的可能性（尽管很少实现）。星巴克成功的关键在于，舒尔茨认识到喝咖啡的场所不仅包含咖啡本身。星巴克提供的是汤普森（2016）所描述的"表演式共鸣"，这是以归属感为根基的场所，通常位于城市的高级住宅区，这里拥有可以吹嘘的尤为绝妙且明显不拘泥于传统的城市氛围。正是在这种背景下，舒尔茨反思了奥尔登堡（Oldenburg，1989）的观点，即咖啡馆属于第三类场所：在家庭和工作之外的无害的非正式空间。第三类场所满足了人类的交流需要，这是中性的场所，使非正式联系成为可能。也许最重要的是，这是所有人都可以利用的空间：

> 第三类空间……用来扩大可能性，而正式的联系往往会缩小和限制可能性。通过向所有人开放，不受社会地位差别影响，第三类场所显现了反对限制他人享受的倾向。在第三类场所中，无论在生活中的地位如何，个人的人格魅力和特色都是最重要的。（Oldenburg，1989：24）

从这个角度来看，咖啡馆提供的第三类场所打破了身份差异，让个人的人格浮出水面，为个人提供了感觉上民主化的体验。简言之，在社群正逐渐衰落时，咖啡馆有潜力为我们提供一种社群意识。但是考虑到在这个极端个人化的世界里，这种愿景所呈现的带有情感维系的社群主义日益远去，咖啡馆真的能提供这样的东西吗？毕竟，陌生人在咖啡馆里主动交流的频率有多高？像星巴克这样相对匿名的连锁店似乎提供了相反的事物：它们不是为个人逃避而建的公共场所吗？最重要的是，我们是否希望通过体验型消费来定义社群？这就引发了一些关于咖啡馆社交性，以及如何实现这一点的重要问题。

由阶级／地位主导的咖啡馆体验

一些作者反思了咖啡馆作为"终结"阶级场所的作用（Yodanis，2006；Robinson，2014）。可以说，这样的空间有助于实现某种特定的愿望并推动进步。就鲁宾逊的著作而言，咖啡馆的环境让印度的年轻人能参与各种形式的炫耀性消费，这使他们与自己在长辈倡导的传统世界中的角色有所不同。事实上，咖啡馆为新一代提供了空间，让他们在资本主义现代性的兴起中开始感到舒适自在。咖啡馆在这一过程中扮演着重要角色，这表明了自由市场是体验更自由生活的重要组成部分：重要的是，这种生活不仅可以想象，而且可以切实体验。因此，在印度，咖啡馆的重要性不言而喻。它象征着社会变迁的前进方向，并使之成为现实。这里的重点是自我表达，以及偏离相互依存的家庭和种姓的印度传统观念的重大转变（Robinson，2014）。对于鲁宾逊来说，咖啡馆文化暗示着尚未开发的自由。在印度，传统上"个人的能动性和自我实现……并不能独立于他人的意志、传统、宗教和习俗之外，而是与之相一致"（Robinson，2014：118），但咖啡馆提供了其他东西：在这个空间里，他们可以逗留并以新方式思考，梦想和想象另一种生活方式。咖啡馆似乎是孤立的微不足道的空间。但是，正如鲁宾逊阐述的那样，相比于被视为人们用于自我"创造和改造"的手段，并在此过程中挑战地方与全球之间的关系，这种空间的实际潜能更大。

上文的例子告诉我们，咖啡馆体验的社会抱负本质很重要。例如，一个人喝的咖啡类型可能具有重要的阶级维度。然而，在咖啡馆中，这可能不是关于谁坐在哪里、与谁互动，而是关于谁一开始就没有进门。正如哈特曼（Hartmann，2011）所言，所谓咖啡消费的第三次浪潮充斥着精英主义，也可能被称为咖啡势利主义，其主要内容围绕着专业咖啡制作知识和技艺的由来。重要的是，这种体验不是免费提供或自动提供的，而是由星巴克创造的一系列环境的产物。作为一家公司，星巴克将其顾客带入咖啡消费的第三次浪潮。这依赖于顾客确实以这种方式看待和体验咖啡。正如哈特曼所说，该公司有效地为其产品创造了一种诠释，从而使体验不仅关于消费更好的咖啡，还关于支撑咖啡体验的社会、文化和经济条件。事实上，"当遇到特色咖啡时，我们听到的和尝到的并不完全是咖啡——总是有人在幕后用言语喂养我们的杯子"（2011：179）。

让顾客与众不同

近几十年来，当代社会理论的关键部分一直围绕着当代社会的碎片化程度，以及这个世界的不确定性如何对我们的身份意识产生间接影响（我将在本章的结语中再次谈到这一点）而展开：空间调节了主体化身体与为自己构建的自我意识的关系。迪金森（Dickinson，2002）认为，星巴克利用了这一过程：它提供了消除一致品位的空间。例如，星巴克不遗余力地强调其对自然世界的奉献，不仅通过咖啡本身，而且通过更广泛的自然导向。有趣的是，"越来越清楚的是，我们的身体本身并没有发现或证实体验的正当性，也不能支持对身份或自我的要求。因此，我们进入了星巴克式的自然主义，希望能瞥见身体作为自然和基本目的回归的可能性"（Dickinson，2002：15）。西蒙（Simon，2009）将上述过程描述为星巴克努力在消费者对可预测性和真实性的追求之间达成谨慎的平衡。围绕咖啡的整个程序——例如，消费者依附的文化资本——进一步强化了这一过程。甚至可以说，舒尔茨通过对咖啡的香气和价值的重申来使其浪漫化。因此，他创造了咖啡知识的概念，消费者可以学习这些知识，以便对自己与咖啡的关系感到满意（Ellis，2004）。如此一来，消费者就会对自己能够成为咖啡鉴赏家而沾沾自喜（另见 Ritzer，

1993）。

我们将在咖啡馆喝咖啡视为私人乐趣或礼物，但无疑只有"有闲阶级"才享有如此特权。他们能够在星巴克购买一杯3英镑的咖啡，用于证明了自己的归属感（Dickinson，2002）。对于那些负担得起的人来说，星巴克成了善待自己的天堂：喝咖啡的行为让他们从外部世界的"罪恶"中解脱出来。因此，在星巴克喝咖啡是一种仪式，迪金森（2002）称之为"稳固传统"，或者说是神圣空间。他总结了这个过程：

> 当利用星巴克的空间来（重新）自然化身体时，我们必须认识到，我们正在抓紧这一空间的坐标，而这个空间正是用来破坏自我坐标的。通过过度获取，通过对抗和掩盖差异，通过破坏消费资本主义逻辑的场所，城市化和全球化摧毁了自我。从制度上讲，星巴克就是这种场所。它在标准化的环境中为标准化的人们提供标准化的咖啡。它在全球范围内积极扩张。而且，也许最具破坏性的是，它提供了全球化的消费习惯，以此回应全球化消费实践带来的迷失。简言之，它提供了全球化图像和全球化空间，将其作为使身体本地化的资源。（Dickinson，2002：22）

文卡特拉曼和纳尔逊（Venkatraman & Nelson，2008）在关于星巴克在中国的消费状况的研究中承认，星巴克的整个体验和氛围都受到了严格管理，而最终结果是提供了公共—私人空间，使人们能忘记烦恼并感到安心。换句话说，星巴克为消费者提供了可以做自己的环境、"后台"。有趣的是，对于文卡特拉曼和纳尔逊所调查的中国受访者而言，这个空间大有裨益，因为星巴克提供了对美国的体验（这很讽刺，因为星巴克的努力实际上都是为了创造伪意大利的体验）。但更有趣的是，这项研究发现，在这些顾客对星巴克的体验中，喝咖啡的行为是相当次要的。相反，根据文卡特拉曼和纳尔逊的说法，星巴克提供了积极支持消费者自我定义的服务环境。从这个角度来看，星巴克是身份创造过程中重要的搭档：它是充满意义的场所，消费者可以坐在这里，思考自己在现实环境之外的身份。而现实环境正是决定身份的重要因素。这表明，至少在中国，当消费者希望过上更属于自己的生活，而不是由家族传统决定的生活时，星巴克这样的地方脱颖而出（参见 Miles，2007）。实际上，星巴克提供的相对友好的非评判性空间被认为是积极的空间，是个人自我管理能力的隐喻。

以上这一点值得深入思考，在我们所说的有意义体验首先意味着什么的争论中，它提供了稍微不同的视角。像星巴克这样的地方，不只是提供了体验本身，更重要的是它在自我构建的过程中利用这种体验的方式。为此，文卡特拉曼和纳尔逊引用了曼佐（Manzo，2003）的论述。曼佐认为，场所作为重要生活事件的象征而变得有意义，同时在个人反思的时刻，正是这些场所为事件赋予了意义。对于曼佐而言，这意味着有重大事件发生时，比如入室盗窃或自然灾害，尤其是当我们意识到家的重要性时，所处环境变得愈发重要。因此，"人们选择与自我概念一致的环境，改造环境以更好地表现自己，或者去寻找与自我感觉更一致的场所"（Manzo，2003：54）。曼佐的重点在于我们对场所体验的断裂，反而加强了它们的重要性。如果消费意识形态已经对我们的生活产生了比上述结论所带来的更深远的影响，那该怎么办？如果消费的体验放大了单调的日常体验对自我意识的影响，那会怎样？

在假象背后

在讨论第三类场所的构成时，奥尔登堡认为，现代生活所处的环境实际上拥有一种独裁力量，能在它认为合适的时候添加或删除体验。从某种意义上说，咖啡馆是心理 – 社会空间：它提供了某种逃避。它故意为个人提供各种私利，也借助相互刺激，提供取悦和支撑个人的手段。它将人们聚集起来，而这意味着："在很大程度上，第三类场所是由它自己开创的领域，被谈话塑造并且完全独立于社会的制度秩序。如果说第三类场所远没有更大的世界那么重要，那么它的常客们会从如下事实中得到充分安慰，即这是一个更体面的世界，它出于自身缘故更喜爱人们，并且每时每刻都有更多乐趣"（Oldenburg，1989：48）。也许奥尔登堡（1989）对第三类场所的有些多愁善感的看法反映了消费者很容易分心的世界，以及让我们偏离更深层次现实的体验型世界。奥尔登堡认为，第三类场所提供了精神滋补、免于社会义务的自由和"自我的最佳舞台"。但也许关键是，这些空间只是提供了保护罩、喘息机会。这不是为了从日常的痛苦中解脱出来，而是通过假装可以逃脱来维护它们。事实上，正如汤普森（2016）指出的，星巴克最能预示社会体验的私有化。星巴克其实根本不是在售卖一种产品，"而是一套社会关系——一种居住在城市和世界的方式"（2016：205）。

兰德尔（Randall，2015）以咖啡馆为出发点，讨论了日常生活是如何陷入叙事的——这绝不是巧合。他将咖啡馆描述为一个神圣的地方、一个可以做自己的庇护所。在这里，通过普通人提供的镜头，"内心世界"展现在他面前。但是正如兰德尔指出的那样，在咖啡馆体验到的逃避现实的满足感并非孤立于我们所生活的更广阔的社会。文化评论员彼得·约克（Peter York，2014）在其著作《真实性是个骗局》（*Authenticity is a Con*）中也表达了这一想法，他在书中讨论了所谓"自我"一代的崛起，以及在实现个人全部潜能和连接真实自我的过程中所固有的困难。从这个角度来看，真实性存在于个人的感受、主张和判断中，他们在不可能的期望中找到了一条路径。而这些期望决定了他们，并使所有人都处于与真实自我分离的常态。从上述分析中可以看出，消费者体验星巴克和更普遍的其他咖啡馆的方式具有重大的个人影响：

> 当寻求公共生活体验和参与普遍的社会景观时，咖啡馆闲逛者对第三类场所的消费行为是在追求非政治性的愉快且有益身份的游戏，他们几乎不表露对怀着共同的政治和公民目标的社群关系（以及随之而来的互惠义务关系）的渴望。（Thompson & Arsel，2004：640）

迪金森（2002）的研究更直接地提出了身份问题以及如何通过场所体验来扮演身份，他分析了日常空间的重要性以及如何以无意识的方式访问和重建这些空间。这一点的意义在于，正是通过"日常生活的间隙"，我们有效地物质化了自我和身体。世俗世界提供了构建主体性的平台：星巴克有效地提供了舞台，从而使这一过程生动地显现出来。更重要的是，人们通过这个舞台可以感受到主体性。从这个角度来看，星巴克所做的是提供一个空间，从而使连贯或稳定的自我意识可以在实际上非常不稳定的基础上得以实现。

管理咖啡馆体验

我们知道的是，咖啡馆的体验是受到高度监管的。不仅如此，注重体验的设计构建了消费者的感受，而星巴克可以被具体理解为对这种设计的优点的展示。这是有意识地结合所有感官的设计形式，目的在于最大限度地提高体验对消费者的影响，尽管是潜意识的（Clark，2008）。这种设计的成功无疑是建立在熟悉的概念上的。随着时间的推移，消费者会被他们觉得舒适的东西吸引。可以毫不夸张地说，星巴克作为城市图腾，促成了我们对自己和所处世界的定义（Fellner，2008）。星巴克不只是反映了它所处的更广泛的文化，还有效地强化了这种文化："咖啡馆的反主流文化，从定义上来说，是知识分子和特权阶级的堡垒，用于区分超酷的和风格明显的常客"（Fellner，2008：138）。

就星巴克而言，随着时间的推移，发生的一切是一种重塑。星巴克将其形象"粉饰"成"广受大众欢迎"的具有手工艺风格的消遣场所（Fellner，2008：138）。星巴克被重塑为伦理性组织，因而能将自己定位为主流而温和的另类（Heath & Potter，2005）。费尔纳（Fellner，2008）在谈到消费者可以选择的咖啡店时，提到了星巴克的吸引力。也许有很多不错的选择，但如果拿不准，就去星巴克。它可能不会改变你的生活，但至少可以让你在那里找到自我，因为你知道会在星巴克得到什么。星巴克为消费者供应了小型但有意义且价格公道的奢侈品，但它这样做的同时掩盖了神话背后的现实（渴望全球主导地位、反工会行动），并鼓励了催眠般的自满。星巴克鼓励顾客逗留，但是在高度控制、监视和管控的情况下才这样做（Ellis，2004）。在这方面，同样重要的是咖啡馆的组成不断变化，而且必须随着时间的推移进行调整。埃利斯（Ellis，2004）认为，咖啡馆是社会变迁的晴雨表，同时他谈到了咖啡馆的作用，更具体地说是，很久以前的意式咖啡厅作为具有颠覆性和异国情调的联合空间所发挥的作用。这是开创性空间，使公民权利的概念受到了挑战。但今天的意式咖啡厅和星巴克的区别在于，星巴克不那么有联合性，而更具自我沉思性。星巴克之所以成功，是因为它在消费者最需要的地方，提供了经过明显改良且更令人放松的空间，以及基于空间的更高质量的产品。在那里，我们可以看到的是，咖啡馆从青春叛逆和文化越界的场所，转变为对作为生活方式的消费主义温和顺从的连锁店。

从事咖啡工作

当然，同样重要的是要记住，不仅消费者的身份受到咖啡馆体验的影响。在对墨尔本咖啡馆文化中情感劳动的讨论中，卡梅伦（Cameron，2018）讨论了在新自由主义背景下发生的所谓自我的民主化，以及人们总是被期望改变他们所面临的结构性约束。这里描述的是"充满象征意义的"大都市，在这里，特定的情感劳动使劳动者有义务尽自己的一分力，以确保公司品牌具有"情感感染力"，并传达适当的"时尚"氛围。这实际上是一种表演：在沟通的商品化和生产的伪装中，人类的情感品质成为所提供的服务文化的关键部分。这里重要的是，消费者的需求在被确立的同时，便通过表演得到了满足（另见 Lazzarato，2006）：

> 不仅顾客被体验感动，更切实的是，劳动者和雇

主也被氛围诱惑，容易受到"当下"的影响，以至于事实上没有人能真正把控这一切。在工作中，劳动者在短期内被愉悦感动的同时，却无法实现自己的目标或看到长期的发展轨迹。此外，借助自主权、创造性表达、灵活的工作时间、由衷的喜悦、互动中的透明性和真实性、思考当下和活在当下，劳动者被有力地诱惑着。如果他们感到高兴，就很可能会提供更好的服务，并对场馆和雇主投入感情。在快乐的刺激下，他们被赋予（有利可图地）展现场馆形象的权利。员工、空间、顾客、雇主和品牌间互动产生的情感和生态——一般来说，他们遇到和感受到的感官环境——有助于了解这些场所产生的整体价值，这远远超出简单地以金钱衡量的价值。（Cameron，2018：14-15）

在第四章，我更深入地讨论了感官工作场所中不断变化的体验。在这个阶段，更重要的是要思考，这不是单向的过程。相反，消费者和那些被雇来提供消费体验的人会自觉地将自己包裹在社会提供的体验中。让我举一个例子。我是电影爱好者。这与电影本身的关系不大，而是热爱与这些电影联系起来的体验。对我来说，周六晚上是电影之夜。它们对我来说很珍贵：这是我一周中的重要时刻，我会喝一两杯红酒，把猫放在腿上，看一部好电影。这是"私人时间"。我期待的未必是这些时刻带来的消遣，而是它们将带来的思维过程。我花很长时间思考要看什么电影，通常是在前一天晚上选择好，以最大限度地延长快乐。我正在围绕电影构建一种体验，而我位于这种体验的核心。实际上，我成了体验。这部电影只不过是使我至少能变得最自我的载体。

结 语

咖啡馆是一个意识形态空间，其意识形态力量在于它能提供自我管理的可能性。正是在这种背景下，卡梅伦（2018）反思了在所谓的后现代时期，人类不断寻求肯定，以及在拉什（1979）所描述的"自我的荒诞演出"中，个人崇拜定义了劳动力和消费力。卡梅伦接着讨论了理查德·森尼特（1998）的研究，森尼特指出，个人对体验的渴望建立在以拼凑身份为特征的心理上。因此，个人"栖身于无休止的状态中，成为永远不会终结的自我"（1998：133）。同样的是，利夫顿（Lifton，1995）描述了变化莫测的自我的存在，或至少是可能的存在，以及一种流动的自我意识适应这个时代的不确定性。千变万化的自我由其保持稳定或平衡的能力决定，也由感受和体验共同人性的能力决定。因此，利夫顿（1995）追求一个充满希望的世界。在这里，实现真实性和归属感的双重目标成为可能，而选择如何体验世界变得更具战略意义。

当然，长期以来，关于所谓的后现代世界中身份的碎片化本质，以及关于我们有效地选择自己的身份并适应不同环境，一直存在着争论，甚至可以说，这只不过是理论风潮和奇思妙想的产物。后结构主义认为，在碎片化、去中心化主体的世界之外，自我实际上不复存在。我将在第九章重提这一点。在这一阶段，值得指出的是，这种争论倾向认为差异既是"内部"的也是外部的，因此任何关于自我的概念都是自身的差异以及我们与他人比较的结果。这里有一点很重要，特别是关于森尼特（1998）的观点，即在当代，自我是容易被摆布的，并且总是对新体验的可能性持开放态度，从而使自己归属于这个提倡多元而非单一叙事的世界。从某种意义上讲，这都是关于自我表达的民主化，以及个人有责任改变自己以个人身份面临的结构性约束的本质（Cameron，2018）。

上述过程不是自然的或"真实的"：它是在经济上被构建又被再生产的过程。从这个意义上说，咖啡馆是"情绪经济"的产物。在这种经济中，咖啡馆员工感受到了一切，并致力于引导顾客尽可能充分地感受和体验这种氛围。这一切都是在将晚期资本主义意识形态改造为常识，也是在表明对于抵抗包含自我的环境的个人力量来说，结构性限制终究是次要的。简言之，通过寻找自发性和短暂归属感的漫长过程，个人缓和了劳动力市场环境的不稳定性。实际上，劳动者被束缚在周期性的"情绪圈"（Massumi，2015）中，体验的强度在这里最为重要（Cameron，2018）。

在咖啡成为体验的背景下，理解自我的变化本质及其与社会变迁关系的另一个有效方法，可能要借助梅卢西（Melucci，1996）的"扮演的现象学"概念。在这一概念中，他将自我设想为一系列高度主观和隐私的体验，这些体验根据社会结构动力被构建起来。加快的变化步伐、多样化的个人角色、淹没我们的信息洪流，使认知体验和情感体验达到了人类历史上前所未有的程度："为自己寻找一个安全的避难所成为越来越重要的理解，并且面对急剧变化的事件和关系，个人必须建立并不断重建自己的'家'。（Melucci，1996：2）"对于梅卢西来说，自我与社会变迁间关系的关键要素是选择的悖论：我们的选择越多，就越难以管理体验。社会领域的复杂性极大地扩展了可获得的体验的范围，但是我们利用这些体验并使其成为现实的能力不可避免地受到限制，从而导致了不确定性。换言之，生活选择的可得性涉及选择的义务（Melucci，1996）。这种状况使我们觉得自己必须为了自身利益不断寻求新的体验：

> 我们无法摆脱对世界性文化的象征性融入，这种文化扩展和增加了可能出现的体验领域，而同时使我们直面它们的复杂性和做选择的必要性。复杂性意味着差异、快速和频繁的变化，以及行动机会的增加。（Melucci，1996：44）

当梅卢西反思这一切对自我的稳定性意味着什么时，他的观点尤其能说明问题。在他看来，人类一直在寻求的变化是一把双刃剑，它承诺实现我们的愿望，同时又被永远无法摆脱的恐惧和焦虑所笼罩。让我再举一个梅卢西称为平凡但有意义的例子。我有用餐嫉妒症，如果去餐馆吃饭，我会花很长时间考虑可以做的选择，并且确信不可能找到适合我的选择。最终，我还是会做出选择。几乎可以肯定的是，我的同伴总会选择我本想选却没有选择的东西，然后当菜上桌时，我确实会发现，这个选择比我选的更好。这就是日常体验的危险所在。通过体验，我们发现了自我，但最终却迷失了自我。梅卢西说，这种失落感是不可避免的。每一个选择都是片面的，本身并没有成就感。然而所处的社会使我们相信可以通过体验找到自我。我们总是为此感到疲惫不堪。我们寻求的体验越多，就越不了解自己。

咖啡馆提供了一个有用的视角，通过它，我们可以开始更多地了解体验型社会造成的心理 - 社会结果。当然，咖啡馆是悠久历史的产物，也是特定社会背景下的产物。它们有特定的地理位置，无论好坏，这种特定性都可以加以调整［例如，舒尔茨（1997）对意大利咖啡馆的喜爱，以及将这种咖啡馆翻新为美国式的决心］。但咖啡馆，尤其是咖啡连锁店，最吸引人的是它的随处可见。此时此刻，我目前居住的曼彻斯特拥有 49 家咖世家（Costa）、17 家星巴克、17 家 Caffè Nerro、4 家 Coffee Republic、3 家 Ritazza 和 2 家 Pumpkin。从一方面看，这可能表明了消费者愿意花费时间和金钱的常见和常规的方式。但从另一方面看，这很可能更深刻地表明了，作为消费者，我们正在如何改变。当舒尔策（1995）第一次谈及体验型社会的出现时，他想象了一个世界，在这里，生活实际上已经成为一个"体验型项目"：我们的挑战在于如何最恰当地设计自己的生活，日常生活的问题本质上是情境化且更具主观性的。解读舒尔策观点的一种方式可能是，体验型社会的兴起是民主的，体验的乐趣已经成为自我的前景，但民主很少是表面上看起来的那样。

咖啡正在经历第三次浪潮（强调高品质手作）或第四次

浪潮（有机生产和公平交易）。在一定程度上，这种转变要归功于星巴克，它预知了高品质咖啡可以提供的附加的体验型价值，同时也将咖啡生产的道德维度作为卖点（Hartmann，2011）。有趣的是，哈特曼（2011）将其描述为新自由主义幻想的一部分，这种幻想能让消费者相信，他们不仅在购买独特的咖啡体验，而且可以在道德上自我表扬。当然，这里奏效的并不是做正当的事情的感觉，而是消费者可以获得的文化资本。这是不寻常的自我放纵的过程：

> 在一个似乎围绕着市场原教旨主义和利润动机的世界里，自我牺牲是表明自我价值的方式。购买混合饮料是对自己的投资，是在无情的消费主义时代对自我价值的肯定。金钱可以买来安慰。市场提供了一杯真实、实惠的肯定。正是在这个意义上，自我馈赠是完全理性的——它在实践中遵循了自由市场的基本假设。（Hartmann，2011：169）

西蒙（2009）认为，自我馈赠是一种自行编排的零售疗法。在这个世界上，消费给了我们安慰和慰藉，而其他事物似乎很少能达到这种效果。星巴克之旅是精心策划的，从某种意义上说，它的价值高于咖啡本身的实际消费。在星巴克的体验让消费者相信自己能掌控一切：为了获得体验，他们抓紧这一刻。星巴克利用了这一过程，将咖啡馆作为"自我馈赠的三维空间"，呈现给消费者（Simon 2009：134）。

这里我们可以发现，星巴克的重心发生了转移，从达到一定规模便无法维持的真实性美学转移到商业必要性美学，其中包括销售非咖啡饮料、书籍和音乐等商品（Hartmann，2011）。具有讽刺意味的是，沿着这条路走下去，咖啡体验变得比以往任何时候都更不"真实"：对于个人而言，感觉上越是真实的消费形式，实际上就越不真实。这是体验型社会的特征，也反映在 2009 年星巴克推出的全球门店设计策略中。到 2009 年为止，星巴克的品牌形象及其产品质量已被大规模定制削弱（Aiello & Dickinson，2014）。针对这一点，新店的设计策略开始专注于主动隐藏星巴克的星巴克风格，而侧重地方氛围的象征性体验。事实上，星巴克的成功部分地建立在其替代过去的公民机构的能力上，同时这样做能深入挖掘顾客的个人和社会意识。这反映了一个更普遍的进程，在美国，日常的"结社主义"（associationalism）在衰退，从而使中产阶级之间明显地越来越疏远。在这种情况下，任何公众概念（如购物中心）无论好坏都变得越来越不同（Simon，2009）。这种从公共部门向私人部门的转变开辟了一个空间，像星巴克这样的公司可以缓解围绕归属欲望而产生的紧张关系，但同时又保留了我们的个性。

星巴克有意重申自己与社群的关系，并试图将社群带入自己的空间。更重要的是，通过新策略所提倡的不太刻板的视觉和触觉外观，顾客对此类空间的主动体验负有责任。因此，星巴克致力于将平凡无奇的喝咖啡行为改造为体验，同时通过增加消费者对这种空间的体验方式的选择，将这种体验提升到新的水平。这代表着星巴克的体验过程会变得更漫长，它鼓励顾客在该空间所包含的社群中逗留（Aiello & Dickinson，2014）。但最重要的是，这种创造力是有代价的。通过尤为特殊的关于社群真实意义的种族和阶级愿景，这种创造力得到体现。这种策略从潜在顾客的文化资本中汲取力量，并且通过强化其所属的意识形态，进一步强化这种资本。星巴克的设计策略在意图上是有倾向性的。它的目的在于创造一个受控制的环境，从而使创造力仅在公司的授意下才能实现，而这家公司将自己重新定位于迅速崛起的独立咖啡行业。正如艾洛和迪金森（Aiello & Dickinson，2014：318）所言："作为一种植入和体现世界主义的形式，星巴克的本地化战略可能有助于进一步巩固资本主义。而这种资本主义使我们感到亲近，甚至成了其事务的一部分。"

我想在本章总结并在第九章更详细阐述的要点是，尽管我们似乎生活在越来越明确的时代——玩世不恭和伪装的时代——这种情绪更多的是体验型社会的无所不在，而不是它的淡化。换句话说，这种玩世不恭的态度支撑着体验型社会，而非削弱它。这并不是说消费者冷漠，咖啡馆是由冷漠统治的场所，而是说消费者越来越迷恋所能获得的体验的短暂性。例如，身体实践的转变将消费者与社会变迁的关键要素联系起来，而咖啡馆在这方面具有相当大的潜力（Robinson，2014）。最重要的是，咖啡馆提供了一切皆有可能的场所。我的观点是，星巴克等咖啡连锁店的吸引力在于能为人提供短暂的放松感和孤独感，与其说是对咖啡的体验，不如说是咖啡为自我提供了空间。从这个意义上说，体验型社会实际上使人们从无聊中解脱出来，而这种无聊是更普遍的同质化消费景观的特征。人们更深入地参与消费体验，以此作为反思自我的手段，这并不是愤世嫉俗，而是因为这种反思将人们从愤世嫉俗中解放出来，并提供了此刻似乎只有自我才是最重要的纯粹空间。当然，问题是这些空间并不是纯粹的，它们是意识形态空间：构建这些空间正是为了提供这种体验（参见 Schultz，1997）。正如克雷布（Craib，1998：176）所说："自我和身份都不只是社会产物，归根结底，它们属于个人自由和集体自由的领域。然而这些自由持续遭受普遍的社会结构和意识形态的威胁。"人们无法从体验型社会中逃脱。消费者参与了对自己的"诱捕"，陷入了体验型社会可以提供的体验中（参见 Simon，2009）。星巴克的体验对消费者来说是有意义的，但有意义之处在于这种体验表明，作为消费者，我们正在被操纵，却并没有控制能力。

第九章

■■■■

消费资本主义重启

在过去 20 年到 30 年中，消费领域发生了根本性的变化。消费资本主义已经重新启动。自 20 世纪末令人兴奋的日子以来，消费社会似乎让一切都变得可能，我们逐渐来到了一个不寻常的地方，消费内容在此似乎更多地涉及社会和个人反思。尽管进展极其缓慢，但我们似乎正在认识到消费对环境的影响。在今天，不受限制的消费可能比以往任何时候都更加令人感到耻辱。关于如何减少消费的电视节目经常上演，同时无数网络文章正在关注正念（mindfulness）和自律，这可以说都是改变心意的表现。消费发生了变化，但变化的性质可能比我们想象的要复杂得多。体验型社会显然不单是从产品消费向体验型消费过渡。虽然我们可以承认，从广义上讲，消费模式正朝着这个方向发展，但更重要的是，我们体验消费过程的方式本身正在受到某种重塑。因此，体验型社会不只是取决于消费者购买预制体验的能力，而且取决于消费体验的意识形态内涵的演变：消费无疑正在改变我们与自我的关系。也许最令人担忧的是，通过将文化个性化为体验来重新启动消费资本主义，创造了新的正统观念，即无论社会压力如何，通过消费实现自我根本没必要令人感到羞耻。在这种情况下，消费者变得更加容易摆布。正是在这个意义上，体验型社会首先促成了一种心态，即强大的消费资本主义迫使人们以特定的方式消费，而这被认为是无关紧要的，甚至是可以接受的。它让我们感到自己很重要这一点，就足以证明其解放性了。

我们只需环顾四周就能认识到，商品化体验越来越与我们对社会和社会变迁的体验相关。布奇（Butsch，1990）认为，至少在美国，我们可以确定在进入 20 世纪时，发生了从时间密集型娱乐到商品密集型娱乐的转变。在 20 世纪 50 年代形成的面向家庭的消费文化，之后被更加个人化的消费文化取代，自我意识的转变也由此显现出来（Hurley，2001）。在这个时候，城市景观成了阶级渴望的具体表现。但是，随着阶级本身变得越来越不重要（或者至少看起来是这样），自我的转变与消费方式的转变息息相关，消费资本主义试图找到新的精巧手段来实施统治。普遍来说，这意味着象征的作用越来越大，同时消费者越来越接受将设计、风格、奢侈品等视为赋予消费品额外的自我意义的方式。本书的基础论点是，这一过程实际上已经耗尽了自身。消费的生态智慧日益受到质疑，并且人类普遍质疑他们与产品的关系，从而使体验陷入了僵局。这不是突然发生的事情，而是消费资本主义重整或重启过程的一部分，与同时发生的复兴、中产阶级化和身份政治过程有关。因此，体验型消费空间出现了：少数族裔市场、主题餐厅、咖啡馆文化和中产阶级的美食广场，所有这些不只暗示着从大众市场向个人能动性自由市场的长期转变，而且暗示着与消费内容相比，在消费地点和消费方式的选择上，出现了不明显的增长。

概念化体验

为了弄清楚我的观点中的最难的部分，以及这如何展现了某种变革，即消费资本主义如何在自我的幌子下控制自我意识的本质，我想简要回顾一下一些重要的研究者。在过去一个世纪里，他们揭示了体验的变化性质。更重要的是，综合思考这些切入点可以告知我们，在体验型社会中成为消费者意味着什么。在这方面首先要指出的是，作为理论家，或者至少作为试图了解人类所处状况复杂性的人，我完全接受这样一个观念，即在消费或体验型社会中，没有比随心所欲地成为自己想成为的人更彻底的控制了。换言之，消费既是社会学过程，也是心理过程，而且最好被描述为心理－社会过程，尽管这可能有点过时。

只要我们接受它创造的世界，消费资本主义就能运转下去，或者至少自称能运转下去。体验是其中的关键部分。关于体验在自我意识中的作用，杜威（Dewey，2005）可能是最重要的作者之一，他对艺术的审美体验特别感兴趣。关于杜威的贡献，重要的是他认为艺术消费者与艺术本身的关系是相互决定的。个人并不只是简单地消费一件艺术品，艺术同时也是自我建构过程的参与者。从这个角度来看，正如本森（Benson，1993）指出的，杜威的自我概念并不是脱离社会生活的孤立实体，而是主动的、互动的实体。自我远不是固定不变的，它会对自己所处的环境做出积极回应，并依赖自己牵涉的体验。这就创造了一种环境，资本主义机器在此拥有丰富的选择，它们兴高采烈地剥削自我，最大限度地发挥自我的潜力，使其成为不受控的再生产计划中的一个齿轮。

这些思考表明，关于体验本质的辩论在多大程度上是一个哲学雷区（Lash，2018）。本书的目的并不是要应对这种争论的哲学式精巧。我想强调的是，体验并不是被动的过程，实际上它更深刻地体现了，在经济、社会和政治迅速变化的时代，自我意识的本质及其与消费的关系。因此，本杰明（2005a，2005b）的著作特别有启发性。本杰明促使我们思考社会变迁如何（至少在一定程度上）决定了体验的本质。他哀叹这有条不紊地破坏了体验。他的论点是，20世纪初，社会变迁速度之快令人无法应对，而"在充满破坏性狂潮和爆炸力的场域里，脆弱的人是渺小的"（Benjamin，2005b：732）。这曾是一项改革议程，是应执政当局的要求制定的，并且因不可避免的贫困恐惧显得格外突出。根据本杰明的说法，体验因这些变化的力量而枯萎，人们的存在不仅取决商业需要，而且几乎变得不真实，因此人类对它的控制力几乎为零。事实上，体验变得非常肤浅：商品化将体验传递给个人，而个人只不过是这种体验的产物。

因为他从不把目光投向伟大和有意义的事物，庸俗的人已经把体验当成他的真理。这对他来说已成为关于生活共性的信息。但他从来没有意识到，除了体验，还有其他东西存在，也有无法体验的价值——我们所履行的……为什么生活对庸俗的人来说没有意义或慰藉？因为他只知道体验，其他什么都不知道。因为他内心荒凉，没有灵魂。因为他与任何事物都没有内在联系，除

了那些普通的和已经过时的东西。（Benjamin，2005a：4）

尽管作者可能不会这样说，但这里描述的是由意识形态主导的能动性的丧失，这超出了每个人都依赖的控制源。我们显然可以不赞同这里的某些表达方式，但更重要的一点是要考虑到这个过程是不断发展的。因此，在消费资本主义的支配下，任何一种体验都有可能被某种形式的商品化过程冲淡。当然，体验变得越乏味，消费者就越无法在它不被商品化"污染"的情况下消费它。可以大胆推测，当契克森米哈赖（Csikzentmihalyi，2002）谈到体验本身有回报时，他认为作为一种心流①，体验过的人想要尽可能多地重复它，但他并没有考虑到消费者体验。事实上，可以说，消费与心流是对立的。它是僵硬的、短暂的、必然令人失望和不可持续的。体验型社会利用了这种张力：体验是自我寻求满足感的载体，它不可能持久，但至少可以让人感觉有意义。

就人性而言，本杰明描述的世界是灾难性的。影响并异化我们进步的旋风完全是骗人的。事实上，整个人类体验都取决于商品形式的欺骗和拜物教力量（参见 Hetherington，

---

① 在心理学中是指一种人们在专注进行某行为时所表现的心理状态。——译者注

2007）。然而，正如赫瑟林顿（Hetherington）所言，本杰明并不是完全悲观的，他认为人类在追求奢华、舒适、富足等体验的过程中蕴含着一种乌托邦倾向。从这个意义上说，我们正在寻找幸福的地方，即使最终无法找到它。在这里，梦幻般实存的概念至关重要，因为它暗示了体验的力量，并且暗示了如何重新创造这种体验，以过上美好的生活。换言之，关键的问题是，我们是否可以不被体验异化？这些体验必然是商品拜物教的产物吗？体验除了使个人脱离社会现实和支撑它的不平等，还有别的作用吗？我们已经明确，有一种说法是，商品化体现了这个时代最重要的状况。这种立场意味着某种"真实性"的丧失，以及体验永远不会被所有者完全拥有（Jay，2005）。此外，我们决心让体验属于自己，在当下就使其个性化，而这使它们丧失了可能性，难以在未来我们与他人的联系中发挥价值。从这个意义上说，体验型社会是短暂的，而这为消费资本主义的持续繁荣奠定了基础。

在第二章，我谈到了消费经济越来越依赖围绕产品的服务而非产品本身，以及消费变得更多地涉及相信自己可以探索自我的可能性。因此，人们的消费过程，以及通过消费进行的身份证明，越来越风格化和品牌化。这明确流露出我的担忧，消费的心理 - 社会本质，尤其是通过体验型社会，仍然没有得到充分的探索。在这里，我描述的不仅仅是对快乐或享受的自恋式追求，但它确实反映了这种状况，"在当今这个以资本利益为主导的社会，其实践和象征性局限总是在制约着享受"（Cremin，2011：114）。如上所述，心理和社会是不可分割的（Stenner，2017）。关键是，消费资本主义对这种关系的强调，使对自我的体验仅限于它设定的范围。在加强版商品化体验中，我们的自我意识得到提升。通过这种体验来过滤自我，我们的自我意识与特定版本的自我联系起来，但我们对这个版本的自我的控制非常有限。无论这种自我在感觉上多么短暂，如果被自恋的自我概念束缚，消费者就无法挑战自己或自我。因此，体验型社会提倡的那种归属感几乎不构成任何类型的归属感，而是一种虚无的、一种对单一维度自我的强化，等同于自动响应围绕自我的同质化世界的要求（参见 Cremin，2011）。体验是使这一切成为可能的燃料。

用传统的术语来说，我们在这里谈论的是，结构和能动性间关系本质的某种转变。有些作者提出了"社会习俗"的概念（参见Williams，1980；Giddens，1983；Butsch，1990），以此理解人们如何通过日常习俗来重建结构。这意味着社会生活比简单结构更具流动性，并且能动性二元论可以解释这一点。在讨论葛兰西（2005）的霸权概念时，布奇（1990）认为，霸权植根于消费乐趣中，在塑造新产品和服务（以及实践），以获得各种形式的资本主义利润方面，消费者实际上是共谋者。当然，我们可能会承认，无论以何种形式，人类都在与消费体验建立某种积极的关系，而这并不意味着我们应该较少关注正在发挥作用的权力动力。因此，反思布奇对霸权的讨论很有吸引力，他声称这一重点"鼓励我们在构成人们生活体验的实践结构中寻找控制的力量和界限"（1990：8）。布奇鼓励我们思考选择和活动受到限制的方式（在这里是休闲），生活体验同时也是资本主义确保其持久性的主要领域。从这个角度来看，权力关系植根于企业利润和"乐趣"的结合中。因此，资本主义依靠其自身能力（在消遣和体验方面）"重新创造"消费者，与此同时重新创造他们的自我。

谨慎的资本主义

上述过程的有趣之处在于，它现在比过去复杂得多。这种复杂性在于资本主义能为消费者提供根据，让他们比以往更加相信，可以采用任何自己认为合适的方法，来自由地维护自己的自我。同时资本主义使他们一直相信，可以在没有商品化干扰的情况下这样做，即使这种干扰始终在加剧。为了证明这一点，我将分析一个关于现代现象的例子，它生动展示了这种过程的发展：这种时尚、风潮或被称为正念的运动。正念是关于冥想和自我意识的心理部署和体验，从而让人们在活在当下的同时，使自己的感觉、思想和身体感受最大化。反过来，我们同样可以将其描述为对生活方式的选择，或是在消费社会中促进某种特定生存方式的存在方式。表面上，正念是指个体以某种方式控制自己，使日常生活被强化，而体验的压力和焦虑则通过自我和自我意识的力量得以消散。但这个过程中发生的事情远远超出了人们的想象。在这方面，珀泽（Purser，2019）对所谓的"麦克正念"（McMindiness）的批评尤其贴切。他认为，与正念似乎包含的对自我的改造作用相去甚远，"麦克正念"可以被更恰当地理解为一种新型平庸的资本主义精神，只不过是为了强化新自由主义现状。上述论点值得更详细地考察，因为它涉及本书讨论的更普遍的体验式自我。在这里珀泽的观点是，正念的工作准则是痛苦的根源在自我之内，而不是在我们所处的社会、经济和文化背景中。通过遵循这一准则，正念强化了当代资本主义的破坏性逻辑。它鼓励人们将压力的日常管理变成个人事业。任何对当代社会破坏能力的指责都将被抹去，所以个人需要对自己的定位负责：

所谓的正念革命温顺地接纳了市场的命令。它依赖的治疗精神旨在增强个人心理和情感韧性，并且赞同新自由主义的假设，认为每个人都可以自由选择自己的应对方式，管理负面情绪，并通过各种自我护理模式实现"健康幸福"的目标……缺乏道德指南或道德承诺，不受社会公益愿景的影响，正念的商品化植根于市场精神。（Purser，201：11−17）

珀泽的分析中特别有趣的是这一见解，即经过这些过程，新自由主义制度积极地重新定义了作为人的意义，并由此延续了本质上涉及自我和自我管理的创业理念。这可以被称为珀泽（2019）和吉鲁（Giroux，2014）所描述的"想象力破坏机器"，它擅长传播图像和表象，以此破坏个人见证各种重要的记忆、能动性、道德和集体抵抗的能力，从而达到保持现状的目的。体验型社会设法使能动性在其承诺中看上去更加真实，而这导致了珀泽所描述的"虚假的自我分离"（2019：262）。这与韩（Han，2017）的心理—政治概念密切相关，他认为将心理用作生产力，能对个体进行治疗优化。精神实践以这种方式被用来实现社会、经济和政治控制的目的（Purser，2019）。

韩（2017）认为，这种状况反映了历史上的一个节点，我们在不断改造和重塑自己，甚至连阶级斗争也演变成了一场既支持又对抗自我的斗争。资本主义解放了我们，但在解放的过程中，"个人退化为资本的生殖器官"（2017：4）。因此，我们对体验的需求只不过是附加的错觉。从这个角度来看，消费者较少被消费内容定义，而更多地被他们对消费方式灌注的情感定义。因此，每个人都通过令人窒息的积极性生存在自己的消费圆形监狱^①（panopticon）中，而这种积极性永远不会给我们提供我们想要的东西。从本质上讲，体验看似是在解放我们，却将我们与深层次的资本主义机器捆绑在一起。对一些人来说，这是与情感有关的事业，涉及利用情感来提高生产力（Han，2017）。对于其他人来说，这与心理有关（McGowan，2016），因为消费者总是处于极度不满的状态。麦高恩继续主张，资本主义社会的首要特征是，它能凭借永久的渴望状态来留住自己的支持者：

> 资本主义之所以能有效地发挥作用，是因为它为主体提供了满足感，同时又对他们隐藏了这种满足感。如果认识到，我们因未能获得完美的商品而感到满足，而

① 由英国哲学家杰里米·边沁于 1785 年提出，这样的设计使得一个监视者就可以监视所有的犯人，而犯人却无法确定他们是否受到监视。——译者注

> 不是因完全达到购买目的而满足，那么我们将从资本主义的精神吸引力中解脱出来。这并不是说我们永远不会购买另一种商品，而是说不会在没有对商品进行心理投资的情况下购买。（McGowan，2016：14）

我的观点是，通过这种持久的渴望感，消费的心理力量和意识形态力量得到了强化。正如我在上面所说的，它瞬间强化了：在体验型社会中，消费方式给了我们一种难以置信的控制感，与此同时强占这种控制感却是为了掠夺它。具有讽刺意味的是，我们越是把所处的世界想象成自己的世界——我们就越是试图从中索取尽可能多的体验——它就越不属于我们。在某种程度上，这涉及消费者投身于过度的消费体验所暗示的那种自我，韩称之为"劳动的不自由"，它最终只不过是为了实现资本最大化，同时确保消费者受制于资本。

资本主义与社会变迁

这让我们回到资本主义在社会变迁背景下重塑自身的历史因素上。上述过程之所以可能，是因为消费日益景观化的性质建立在了上文曾讨论的各种转变的基础上。因此，赫瑟林顿（2007）专注于景观与消费资本主义间关系的演变。他认为，到21世纪初，我们"都已经……成为现代消费景观的观众，在购买的物品中被反映为主体"（2007：26）。景观的性质在不断演变，这场争论的焦点在于，看似被操纵的景观消费者也许是被动的，也许不是被动的。消费者是否已经不再只是容易受到拜物教消费形式影响的主体？对赫瑟林顿来说，现代性将体验的本质从传统、记忆和习俗转变为零碎的体验或事件。有趣的是，在现代性的过程中，体验与失落感联系起来。在传统、社群、真实性等的失落中，消费起着关键作用。也许最重要的是，这涉及生活现实与其表象之间的彻底分离，因此景观作为由图像主导的调节模式运作（Hetherington，2007）。但正如我在第一章指出的那样，特别是在德波（1995）的著作中，这里的危险在于，这一切实际上无非是对个人自主性的否定。因此，争论的主要问题是景观掩盖社会现实的程度。奇观在何种程度上体现了这一现实的特征？个人付出了什么代价？赫瑟林顿继续主张，个人既拥有商品，又被商品拥有。体验是碎片化且被操纵的，并受到多种意义和解释的影响。但体验型社会是如何影响这种平衡的呢？

从批判的角度来看，这里一直存在着某种心照不宣的危险，暗示着消费在某种程度上固有的被动性：几乎就好像这是使我们受折磨或逃离的东西一样。事实上，有人认为，批判主义者很难准确地理解消费对消费者的实际意义，因为这样做会使他们站在谴责消费行为的令人反感的立场上（Miles，2012；Ray & Sayer，1999a）。这样做暗示着，工人阶级消费者（尤其是那些财力有限却面临巨大压力，且被视为这种社会的公民的消费者）不仅是被动的，而且是温顺的追随者，容易被体验型社会的承诺诱惑。

可以肯定的是，无论霍克海默和阿多诺（1972）等作者的立场多么极端，权力关系仍然通过市场产生的机制得到明确表达（Ray & Sayer，1999b）。然而，长期以来，消费的社会学切入点往往回避从批判的角度看待消费。最近的实践理论在消费研究领域的主导地位，足以证明极端缺乏活力的研究议程的危险性（参见 Warde，2005）。事实上，在当下，完全批判式地参与消费从未如此重要。而这意味着接受一种观念，即在某种形式下，市场继续以越来越微妙的方式塑造自我。同样重要的是要记住，正如段义孚（1982）在他对体验进行更深入讨论时指出的那样，或许我们的体验内容和体验方式是一种感觉和思想的产物，是我们创造的东西，或者至少是我们觉得自己可以创造的东西。最后一点尤为重要，我的论点是，尽管消费者屈服于消费资本主义为他们界定的生活方法和方式，但具有讽刺意味的是，当今世界的独特之处在于它能让消费者感觉到，在这些界限内有无限的探索自我的机会：自我可能比以往任何时候都更加自由。

但归根结底，我们在哄骗自己，而不是其他人。正如马戈利斯（Margolis，1998）指出的，市场交易领域本质上是不稳定的，因而作为个人，我们所做的一切实际上都是在建造"又高又牢固的围绕着自我和感受的界限。因此，在很大程度上，所有活动、所有买卖的目的都是为了给我们带来愉悦的情绪，帮助我们避免不愉快的情绪"（1998：141）。从这个意义上说，消费资本主义的演变不可避免地涉及设法用保护罩包围其公民，使公民免受自身非消费主义的错误思想的影响。只要消费资本主义让消费者相信，他们可以自由地创造关于消费体验的感觉和思想，它就可以继续蓬勃发展。

体验型社会成功地将自我叙事（self-narrative）置于资本主义使命的核心。这不是突然发生的事情，而是自第一辆福特 T 型车驶下生产线以来，就一直在朝着这个方向发展。体验型社会也被看作重大的方向变化，其目的是适应日益老练的消费者，或者至少是适应他们以深思熟虑和战略性的方式利用消费内容的能力。重要的是要记住，今天的消费者比以往任何时候都更加老练。在体验型社会的幌子下，消费资本主义所做的是利用它花了十年又十年培养出来的极其自恋的强烈欲望，并将其与更具反思性的批判形式相结合，从而组合创造出比过去更顺从于商品化体验世界的自我。

个人不再由消费内容决定，而是由他们向世界呈现的关于个人消费方式和消费内容的叙事决定。事实上，在体验型社会中，我们已经成为自我欺骗者。通过更好地认识并由此推动自我利益最大化，消费资本主义迫使我们过滤世界。我们的快乐不在于观察他人，而在于突破自身，以便了解如何通过消费资本主义为我们提供的发展机会，成为最好的自己，更重要的是感受自己。换种方式说，消费资本主义解决了自我分裂的问题。在围绕后现代性的讨论中，评论员们长期争论自我的不稳定性、不连贯性、自我导向性，这是时刻重塑自我的能力（Featherstone，1991）。这带来了挑战，尤其是在将消费者看作营销对象的想法上：通过了解你的消费者，你可以以更有效的方式向他们推销。如果自我已经变得由自己界定，而不再是传统、忠诚和社会风潮的产物，那么消费资本主义如何控制市场并在此过程中使个人最大限度地增加支出呢？答案就是体验。

体验型社会为我们构建了一个世界，我们一直在其中寻找例外。我们追求新奇和刺激，但这只是使自己的可能性最大化（Garcia，2018）。其中蕴含着筋疲力尽的危险。但我们从这种状态中解脱出来的原因是，体验型社会在不断重塑体验，从而使所有体验最终像消费者最初寻求逃避的体验一样常规和可预测（Garcia，2018）。消费资本主义的力量在于它能持续地将自我当作一种渠道，因而这种经验越常规，就越显得不常规且越能让人感到满足。具有讽刺意味的是，用餐者不再需要对菜单感到满意。当前的消费者更具反思性，但也因此同样受制于资本主义的决定论。齐泽克[①]（Žižek，2014）描述了可称为享乐（jouissance）[②]的过程，即消费的产品越多，就越感到匮乏，越对消费它感到内疚（另见Cremin，2011）。消费者被怂恿渴望特定的精神安慰剂，而这是通过清空拜物教内容来实现的，从而有效地将内容的匮乏呈现给消费者。消费者有义务享受，他们不仅渴望产品，而且渴望欲望本身（Žižek，2014）。因此，消费者实际上对消费资本主义提供的部分满足感到满意，因为在那一刻，快要满足欲望的体验就像消费资本主义一样令人满意。消费者不需要完全满意，这样做会适得其反：他们习惯最大限度地利用那些几乎可以但永远无法获得满足的时刻。

[①] 齐泽克（1949—），斯洛文尼亚哲学家，擅长将拉康的精神分析理论用于意识形态分析。——译者注

[②] 来自雅克·拉康的精神分析理论，通常指主体对不可满足的欲望的享受和享用。——译者注

结　语

　　我的分析是以独特的方式看待世界的产物。我认为，这是特殊视角的产物，其根源在于我成长在充满抱负的工人阶级家庭。在这里，成功取决于所居住的房子的类型，以及是否开着足够新的汽车。这段经历使我的分析有着特定的期望、预设，并且必定还有一大堆阶级偏见和不祥预感。我对体验型社会的理解还包括更普遍的导致公共和私人崩溃的历史转型（Curtis，2013），所以个人越来越容易受到消费资本主义要求的影响。

　　承认上述情况使我简要反思了分析所要达成的目标，特别是伊路兹（Illouz，2007：95）的观点："为了批评一种文化习俗，文化评论员应该使用所批评的社群（或社会领域）内部的道德标准。"换言之，伊路兹呼吁采取的批判方法能抵消这种理解，即特定文化习俗可以促进（在本文的例子中）消费者的需求和欲望，从而超越文化评论员的政治倾向。如此一来，任何解放的感觉，或者可能只有一丝希望的感觉，都可以从社会实践自身中产生，而不需要从扭曲的角度看待世界及其牢笼。从这个角度来看，可以说无论在个人还是情感方面，体验型社会提供的生活都不是特别贫瘠的，而是惊人地扩展了社交渠道，使个人可以定位并重振自我。体验型社会是以一系列条件为基础的，但并非如此碎片化以至于格格不入，而是已经变得如此惯常以至于太过普遍。简言之，我们都在体验体验型社会，而对于主权个体而言，它们好像尤为独特。然而，它们最终要证明消费资本主义有能力提供共同的框架，从而驱使我们进入崇敬自我概念的世界。或许伊路兹（2007：112）用以下两句话有效地总结了这一点：

> 心理说服已经改变了私人的道德自我和公共的非道德工具性战略行为之间的二元性。因为……私人和公共领域相互交织、相互映照，吸收彼此的行为模式和正当性，从而确保工具理性被用于且适用于情感领域，反之，则会使自我实现和对完整情感生活的要求成为工具理性的指南针。

伊路兹提出的问题是，上述情况是否为我们提供了更大程度的能动性。对伊路兹来说，商品化和理性化的自我与由自我生成的幻想主导的私人世界分隔开，促成了我们对世界的体验。在整个体验中，经济和浪漫越来越难以分割。体验型社会允许我们探索实现自我的浪漫理念。体验是消费资本主义设计我们满足感的手段。然而归根结底，即使是幻想也受制于市场对此类幻想的规定。

正是在上述基础上，我们发现自己处于历史的转折点。在减少消费的呼声试图将自己确立为持续的环境愤慨的焦点时，我们可以得出结论，消费资本主义的说服力变得更加复杂。它们能以舒尔策（1995）都无法预测的方式诱惑自我。因为消费资本主义让我们相信，日常痛苦的所有答案都在自我内部，而不是在构成自我的普遍的社会、经济和文化背景中。正是通过这种方式，正念表明了当代资本主义的破坏性逻辑如何持续。体验型社会有效地将自我推销给我们。从这个意义上讲，重塑的可能性，以及把握后消费（post-consumer）前景的可能性，可能比过去更遥远。

为了表明我的最终观点，我想重新提及一句话，大约 25 年前，这句话把作为生活方式的消费主义推进了我的学术旅程（Miles，1998）：

在基于大规模生产和大规模消费的社会中，日常社交的状况前所未有地鼓励人们关注表面印象和形象，几乎到了无法将自我与外表区分开来的地步。（Lasch，1984：30）

消费资本主义创造了新型自我——某个世界的产物，在这里，景观化肤浅可能会破坏和重塑我们的意义——这种观点在当下仍然很清晰。但是拉什所描述的已经站不住脚了。他对自我的描述是脆弱的，几乎是一种背叛。由系统支撑的自我显然在很久以前就对人类的意义失去了信心。这不是体验型社会。体验型社会陶醉在自我的复活中：它更强大、更有韧性，但其韧性继续在虚假承诺上挣扎。与此同时，由于消费资本主义能将自我置于消费者想象的中心，以此消除社会变迁带来的不确定性和焦虑，这有利于消费的暂时完满，也使消费资本主义继续蓬勃发展。自我已重新启动。在此基础上，我用自己的主题句作为结束，这至少部分借用了拉什的话：

> 在基于大规模生产和大规模消费的社会中，日常社交的状况前所未有地鼓励人们关注自我体验的最大化，以至于消费资本主义几乎无法与其显露出的"抓住每一时刻"区分开来。

在这个为我们创造的世界中，我们更加深刻地理解了消费资本主义对我们的控制，但与此同时却更容易受到它的深刻影响。在体验型社会中，消费资本主义运作的复杂现实外露于日常生活。任何解放的感觉都是毫无意义的，因为它只是让自我主宰的心态永久化。

从积极的角度来看，消费资本主义可能终究包含着毁灭自身的种子。也许我们越想活在当下，在这样的时刻，就越会意识到个人反抗的发生。

参考文献

Abercrombie, N. and Longhurst, B. (1998) *Audiences: A Sociological Theory of Performance and Imagination*, London: Sage.

Adorno, T. (1975) Culture industry reconsidered, *New German Critique*, 6: 12–19.

Adorno, T. (1989) The culture industry reconsidered, in S. Bronner and D. Kellner (eds) *Critical Theory and Society: A Reader*, London: Routledge.

Adorno, T. (1991a) *The Culture Industry: Selected Essays on Mass Culture*, London: Routledge.

Adorno, T. (1991b) On the fetish character in music and the regression of listening, in *The Culture Industry Reconsidered: Selected Essays on Mass Culture*, London: Routledge.

Aiello, G. and Dickinson, G. (2014) Beyond authenticity: a visual–material analysis of locality in the global redesign of Starbuck stores, *Visual Communication*, 13(3), 303–21.

Aldridge, J. (2019) Starbucks smells the coffee, *Sunday Times*, 12 April: 6.

Andrews, D. L. (2006) Disneyization, Debord, and the integrated NBA spectacle, *Social Semiotics*, 16(1), 89–102.

Andrews, D. L. (2008) Sport, culture and late capitalism, in B. Carrington and I. McDonald (eds) *Marxism, Cultural Studies and Sport*, London:

Routledge.

Augé, M. (1995) *Non-Places: Introduction to an Anthropology of Supermodernity*, London: Verso Books.

Bakhtin, M. (1984) *Problems of Dostoevsky's Poetics*, Minneapolis: University of Minnesota Press.

Baudrillard, J. (1991) *Seduction*, New York: St. Martin's Press.

Bauman, Z. (1998) *Work, Consumerism and the New Poor*, Buckingham: Open University Press.

Beal, B. and Wilson, C. (2004) 'Chicks dig scars': commercialisation and the transformations of skateboarders' identities, in B. Wheaton (ed.) *Understanding Lifestyle Sports*, London: Routledge.

Beck, U. (1992) *Risk Society: Towards a New Modernity*, London: Sage.

Beck, U. (2000) *The Brand New World of Work*, Cambridge: Polity Press.

Begout, B. (2003) *Zeropolis: The Experience of Las Vegas*, London: Reaktion.

Belk, R. W. (2013) Extended self in a digital world, *Journal of Consumer Research*, 40(3), 477–500.

Belk, R. W. (2014) Digital consumption and the extended self, *Journal of Marketing Management*, 30(11–12), 1101–18.

Bell, D. (1973) *The Coming of Post-Industrial Society*, New York: Basic Books.

Bell, E. (2008) *Theories of Performance*, London: Sage.

Benjamin, W. (2005a) *Selected Writings 1913-26*, Volume 1, London: Belknap Press.

Benjamin, W. (2005b) *Selected Writings 1927-1930*, Volume 2, Cambridge, MA: Harvard University Press.

Benjamin, W. (2008) [1936] The work of art in the age of technological reproducibility: third version, in H. Eiland, B. Doherty and T. Levin (eds) *The Work of Art in the Age of its Technological Reproducibility and Other Writings on Media*, Cambridge: MA.: Harvard University Press.

Benson, C. (1993) *Absorbed Self: Pragmatism, Psychology and Aesthetic Experience*, London: Prentice–Hall.

Berardi, F. (2009) *The Soul at Work: From Alienation to Autonomy*, New York: Semiotext(e).

Betancourt, M. (2015) *The Critique of Digital Capitalism: An Analysis of the Political Economy of Digital Culture and Technology*, New York: Punctum Books.

Bishop, C. (2004) Antagonism and relational aesthetics, *October*, 110(Fall), 51–79.

Blackshaw, T. and Crabbe, T. (2004) *New Perspectives on Sport and 'Deviance' : Consumption, Performativity and Social Control*, London: Routledge.

Borges, S., Ehmann, S. and Klanten, R. (2013) *Work Scape: New Spaces for New Work*, Berlin: Die Gestalten Verlag.

Bourdieu, P. (1986) *Distinction: A Social Critique of the Judgement of Taste*, London: Routledge.

Brohm, J.–M. (1978) *Sport: A Prison of Measure Time*, London: Inks Links.

Brown, W. (2015) *Undoing the Demos: Neoliberalism's Stealth Revolution*, New York: Zone Books.

Brown, M. (2019) Tate Modern beat British Museum to become most visited tourist attraction in UK, *The Guardian*, 27 March.

Buck-Morris, S. (1992) Aesthetics and anaesthetics: Walter Benjamin's artwork essay reconsidered, *October*, 62, 3–41.

Bull, M. (2007) *Sound Moves: iPod Culture and Urban Experience*, London: Routledge.

Burgess, J. and Green, J. (2013) *YourTube: Online Video and Participatory Culture*, Cambridge: Polity Press.

Butler, J. (2008) Performativity, precarity and sexual politics, in *AIBR: Revista de Antropología Iberoamericana*, 4(3), i–xiii.

Butsch, R. (1990) Introduction: leisure and hegemony, in R. Butsch (ed.) *For Fun and Profit: The Transformation of Leisure into Consumption*, Philadelphia: Temple University Press.

Cameron, A. (2018) *Affected Labour in a Café Culture: The Atmospheres and Economics of 'Hip' Melbourne*, London: Routledge.

Campbell, C. (1987) *The Romantic Ethic and the Spirit of Modern Consumerism*, Oxford: Wiley–Blackwell.

Carrington, B. and McDonald, I. (2008) Marxism, cultural studies and sport: mapping the field, in B. Carrington and I. McDonald (eds) *Marxism, Cultural Studies and Sport*, London: Routledge.

Cashmore, E. (2014) *Celebrity Culture*, 2nd edition, London: Routledge.

Castells, M. (1996) *The Rise of the Network Society: The Information Age: Economy, Society and Culture*, Volume 1, Oxford: Wiley–Blackwell.

Chaplin, S. and Holding, E. (1998) Consuming Architecture, in *Architectural Design: Consuming Architecture*, Cambridge: John Wiley & Sons.

Chen, C. P. (2016) Forming digital self and parasocial relationships on YouTube, *Journal of Consumer Culture*, 16(1), 232–54.

Clark, T. (2008) *Starbucked: A Double Tall Tale of Caffeine, Commerce and Culture*, London: Sceptre.

Clegg, J. and Robinson, J. (2018) *The Club: How the Premier League Became the Richest, Most Disruptive Business in Sport*, London: John Murray.

Coates, D. (1995) *Running the Country*, London: Hodder and Stoughton.

Cohen, S. (2010) Searching for escape, authenticity and identity: experiences of 'lifestyle travellers', in M. Morgan, P. Lugosi and J. R. Brent Richie (eds) *The Tourism and Leisure Experience: Consumer and Management Perspectives*, Bristol: Channel View.

Collareo, P. L. (2003) The sociology of the self, *Annual Review of Sociology*, 29, 115–33.

Conn, D. (2018) Analysis: football remains the battering ram to retain supporter's affections, *The Guardian*, 15 February.

Craib, C. (1998) *Experiencing Identity*, London: Sage.

Crawford, G. (2004) *Consuming Sport: Fans, Sport and Culture*, London: Routledge.

Cremin, C. (2011) *Capitalism's New Clothes: Enterprise, Ethics and Enjoyment in Times of Crisis*, London: Pluto.

Csikzentmihalyi, M. (2002) *Finding Flow: The Psychology Of Engagement With Everyday Life*, New York: Rider.

Curtis, N. (2013) *Idiotism: Capitalism and the Privatisation of Life*, London: Pluto.

Cutright, K. M., Samper, A. and Fitzsimons, G. J. (2013) We are what we buy? In A. A. Ruvio and Russel W. Belk (eds) *The Routledge Companion to Identity and Consumption*, London: Routledge.

Davis, S. (1997) *Spectacular Nature: Corporate Culture and the Sea World Experience*, London: University of California Press.

Debord, G. (1995) *The Society of the Spectacle*, New York: Zone Books.

Denegri-Knott, J. and Molesworth, M. (2012) Introduction to digital virtual consumption, in M. Molesworth and J. Denegri-Knott (eds) *Digital Virtual Consumption*, London: Routledge.

Dewey, J. (2005) *Art as Experience*, New York: Perigee Books.

Dickinson, G. (2002) Joes' rhetoric: finding authenticity at Starbucks, *Rhetoric Society Quarterly*, 32 (4), 5-27.

Dittmar, H. (2010) *Consumer Culture, Identity and Well-Being*, Hove: Psychology Press.

Du Gay, P., Hall, S., Janes, L., Mackay, H. and Negus, K. (1996) *Doing Cultural Studies: The Story of the Sony Walkman*, London: Sage.

Dumazedier, J. (1967) *Toward a Society of Leisure*, London: Collier-Macmillan.

Dunn, R. G. (2008) *Identifying Consumption: Subjects and Objects in Contemporary Society*, Philadelphia: Temple University Press.

Dyckhoff, T. (2017) *The Age of Spectacle: Adventures in Architecture and the 21st-Century City*, London: Random Books.

Edwards, T. (2000) *Contradictions of Consumption: Concepts, Practices and Politics in Consumer Society*, Buckingham: Open University Press.

Elias, N. (2008) *Quest for Excitement: Sport and Leisure in the Civilising Process*, Collected Works of Norbert Elias, Dublin: University College Dublin Press.

Elliot, A. (2013) *Concepts of the Self*, Cambridge: Polity.

Elliot, A. (2015) *Identity Troubles*, London: Routledge.

Ellis, M. (2004) *The Coffee House: A Cultural History*, London: Phoenix.

Farokhmanesh, M. (2018) YouTube is the preferred platform of today's teens, *The Verge*, 31 May, www.theverge.com/2018/5/31/17382058/youtube-teenspreferred-platform. Accessed 15 November 2019.

Featherstone, M. (1991) *Consumer Culture and Postmodernism*, London: Sage.

Fellner, K. (2008) *Wrestling with Starbucks: Conscience, Capital, Cappuccino*, London: Rutgers University Press.

Fernandez-Galiano, L. (2005) Spectacle and its discontents; or, the elusive joys of architainment, in W. S. Saunders (ed.) *Commodification and Spectacle in Architecture, Harvard Design Magazine Reader*, Minneapolis: University of Minnesota Press.

Fiske, J. (1989) *Understanding Popular Culture*, London: Routledge.

Fiske, J. (1992) The cultural economy of fandom, in L. Lewis (ed.) *The Adoring Audience: Fan Culture and Popular Media*, London: Routledge.

Foley, M. (2011) *The Age of Absurdity: Why Modern Life Makes It Hard to Be Happy*, London: Simon and Schuster.

Forde, E. (2019) How Naspster freed music, *The Guardian*, 31 May.

Freud, S. (1920) *Beyond the Pleasure Principle, Group Psychology and Other Works: The Standard Edition of the Complete Psychological Works of Sigmund Freud*, Volume 18, London: Vintage.

Gabriel, Y. and Lang, T. (2016) *The Unmanageable Consumer*, 3rd edition, London: Sage.

Gallagher, L. (2017) *The Airbnb Story*, London: Virgin Books.

Gandini, A. (2015) Digital work: self-branding and social capital in the freelance knowledge economy, *Marketing Theory*, 16(1), 123–41.

Garcia, T. (2018) *The Life Intense: A Modern Obsession*, Edinburgh: Edinburgh University Press.

Geoghegan, J. (2018) Fashion suffers sharpest sales decline in nine years, *Drapers*, 9 May.

Giddens, A. (1983) *Profiles and Critiques in Social Theory*, Berkeley, University of California Press.

Giddens, A. (1991) *Modernity and Self-Identity*, Cambridge: Polity.

Giroux, H. (2014) *The Violence of Organized Forgetting: Thinking Beyond America's Disimagination Machine*, San Francisco, CA: City Lights.

Giulianotti, R. (2002) Supporters, followers, fans, and flaneurs: a taxonomy of spectator identities in football, *Journal of Sport and Social Issues*, 26(1), 25–46.

Giulianotti, R. (2011) Sport mega events, urban football carnivals and securitised commodification: the case of the English Premier League, *Urban Studies*, 489(15), 3291–310.

Gorz, A. (1967) *Strategy for Labour: A Radical Proposal*, Boston: Beacon Press.

Gorz, A. (1999) *Reclaiming Work: Beyond the Wage-Based Society*, Cambridge: Polity Press.

Gottdiener, M. (2001) *The Theming Of America: American Dreams, Media Fantasies, and Themed Environments*, London: Routledge.

Goulding, C. (1999) Contemporary museum culture and consumer behaviour, *Journal of Marketing Management*, 15(7), 647–71.

Govers, R. and Go, F. (2009) *Place Branding: Glocal, Virtual, and Physical*

Identities Constructed, Imagined and Experienced, Basingstoke: Palgrave Macmillan.

Gramsci, A. (2005) *Selections from the Prison Notebooks of Antonio Gramsci*, edited and translated by Q. Hoare and G. Nowell Smith, London: Lawrence & Wishart.

Gratton, L. (2014) *The Shift: The Future of Work is Already Here*, London: HarperCollins.

Greif, M. (2017) *Against Everything: On Dishonest Times*, London: Verso.

Grinshpun, H. (2014) Deconstructing a global commodity: coffee, culture, and consumption in Japan, *Journal of Consumer Culture*, 14(3), 343–64.

Han, B. C. (2017) *Psychopolitics: Neoliberalism and New Technologies of Power*, London: Verso.

Hankiss, E. (2006) *The Toothpaste of Immortality: Self-construction in the Consumer Age*, Washington, DC: Johns Hopkins University Press.

Hannigan, J. (2005) *Fantasy City: Pleasure and Profit in the Postmodern Metropolis*, London: Routledge.

Hartmann, J. (2011) Starbucks and the third wave, in S. F. Parker and M. W. Dawson (eds) *Coffee - Philosophy for Everyone: Grounds for Debate*, Oxford: Wiley–Blackwell.

Harvey, D. (1989) From managerialism to entrepreneurialism: the transformation in urban governance in late capitalism, *Geografiska Annaler, Series B. Human Geography*, 71(1), 3–17.

Harvey, D. (1990) *The Condition of Postmodernity*, Oxford: Blackwell.

Hayward, K. (2004) *City Limits: Crime, Consumer Culture and the Urban Experience*, London: Glasshouse Press.

Heath, J. and Potter, A. (2005) *The Rebel Sell: How the Counterculture Became Consumer Culture*, Chichester: Capstone.

Hebdige, M. (1989) *Subculture: The Meaning of Style*, London: Routledge.

Hedges, C. (2009) *Empire of Illusion: The End of Literacy and the Triumph of Spectacle*, New York: Nation Books.

Herwig, O. and Holzherr, F. (2005) *Dream Worlds: Architecture and Entertainment*, London: Prestel.

Hetherington, K. (2007) *Capitalism's Eye: Cultural Spaces of the Commodity*, London: Routledge.

Holland, R. (1977) *Self and Social Context*, Basingstoke: Macmillan.

Horkheimer, M. and Adorno, T. W. (1972) *Dialectic of Enlightenment*, London: Allen Lane.

Horne, J. (2006) *Sport in Consumer Culture*, Buckingham: Palgrave.

Horne, J. and Whannel, G. (2012) *Understanding the Olympics*, London: Routledge.

Hughson, J., Inglis, D. and Free, M. (2005) *The Uses of Sport: A Critical Study*, London: Routledge.

Hurley, A. (2001) *Diners, Bowling Alleys and Trailer Parks: Chasing the American Dream in Postwar Consumer Culture*, New York: Basic Books.

Illouz, E. (2007) *Cold Intimacies: The Making of Emotional Capitalism*, Cambridge: Polity.

Illouz, E. (2009) Emotions, imagination and consumption: a new research agenda, *Journal of Consumer Culture*, 3(9), 377–413.

Jafari, A, Taheri, B. and vom Lehn, D. (2013) Cultural consumption, interactive sociality, and the museum, *Journal of Marketing Management*, 29(15–16), 1729–52.

Jameson, F. (1991) *Postmodernism, or, the Cultural Logic of Late Capitalism*, London: Verso.

Jameson, F. (2007) *Jameson on Jameson: Conversations with Cultural Marxism*, edited by Ian Buchanan, London: Duke University Press.

Jappe, A. (1999) *Guy Debord*, London: University of California Press.

Jay, M. (2005) *Songs of Experience: Modern American and European Variations on a Universal Theme*, London: University of California Press.

Jeffries, S. (2016) *Grand Hotel Abyss: The Lives of the Frankfurt School*, London: Verso.

Jensen, R. (1999) *The Dream Society: How the Coming Shift from Information to Imagination Will Transform Your Business*, London: McGraw–Hill.

Jones, P. (2011) *The Sociology of Architecture: Constructing Identities*, Liverpool: Liverpool University Press.

Jones, T. (2019) Analysis, *The Observer*, 6 January.

Kelliher, C. and Anderson, A. (2010) Doing more with less? Flexible working practices and the intensification of work, *Human Relations*, 3(1), 83–106.

Kellner, D. (2003) *Media Spectacle*, London: Routledge.

Khondker, H. H. and Robertson, R. (2018) Glocalization, consumption, and cricket: the Indian Premier League, *Journal of Consumer Culture*, 18(2), 279–97.

Klingmann, A. (2007) *Brandscapes: Architecture in the Experience Economy*, London: MIT Press.

Klonk, C. (2009) *Spaces of Experience: Art Gallery Interiors from 1800 to 2000*, London: Yale University Press.

Knorr Cetina, K. (2001) Postsocial relations: theorizing sociality in a postsocial environment, in G. Ritzer and B. Smart (eds) *Handbook of Social Theory*, London: Sage.

Kolberg, S. (2016) Constructing a 'democratic' dreamworld: carnival cruise ships and an aesthetic of optimism, *Journal of Consumer Culture*, 16(1), 3–21.

Koolhaas, R. (2008) In search of authenticity, in R. Burdett and D. Sudjic (eds) *The Endless City*, London: Phaidon.

Krauss, R. (1990) The cultural logic of the late capitalist museum, *October*, 54, 3–17.

Kreiss, D., Finn, M. and Turner, F. (2011) The limits of peer production: some reminders from Max Weber for the network society, *New Media and Society*, 13(2), 243–59.

Krier, D. and Swart, W. (2016) *Sturgis and the New Economy of Spectacle*, Chicago: Haymarket Books.

Kulkarni, N. and Joseph–Lester, J. (2004) *Disorientation and Spectacle in Retail Architecture*, London: Artswords Press.

Kurylo, B. (2018) Technologised consumer culture: the Adorno–Benjamin debate and the reverse side of politicisation, *Journal of Consumer Culture*, 17, 1–18.

Lampugnani, V. M. (2010) Insight versus entertainment: untimely meditations on the architecture of twentieth century art museums, in S. Macdonald (ed.) *A Companion to Museum Studies*, Cambridge: Blackwell.

Landry, C. (2006) *The Art of City Making*, London: Earthscan.

Lasch, C. (1979) *The Culture of Narcissism: American Life in an Age of Diminishing Expectations*, New York: W. W. Norton.

Lasch, C. (1984) *The Minimal Self: Psychic Survival in Troubled Times*, New York: Picador.

Lash, S. (2018) *Experience: New Foundations for the Human Sciences*, Cambridge: Polity Press.

Lazzarato, M. (2006) Immaterial Labour, in M. Hardt and P. Virno (eds) *Radical Thought in Italy: A Potential Politics*, Minneapolis: University of Minnesota Press.

Leary, M. and Tangney, J. P. (2012) The self as an organizing construct in the behavioural and social sciences, in M. Leary and J. P. Tangney, *Handbook of Self and Identity*, 2nd edition, London: The Guildford Press.

Lehdonvirta, V. (2012) A history of the digitalization of consumer culture, in M. Molesworth and J. Denegri–Knott (eds) *Digital Virtual Consumption*, London: Routledge.

Lifton, R. J. (1995) *The Protean Self: Human Resilience in an Age of Fragmentation*, London: University of Chicago Press.

Lodziak, C. (1995) *Manipulating Needs: Capitalism and Culture*, London: Pluto Press.

Lodziak, C. (2002) *The Myth of Consumerism*, London: Pluto Press.

Lonsway, B. (2009) *Making Leisure Work: Architecture and the Experience Economy*, London: Routledge.

Lukas, S. A. (2008) *Theme Park*, New York: Reaktion Books.

Lukas, S. A. (ed.) (2016) *A Reader in Themed and Immersive Spaces*,

Carnegie Mellon: ETC Press.

Lukes, S. A. (2005) *Power: A Radical View*, 2nd edition, New York: Palgrave Macmillan.

MacCannell, D. (1999) *The Tourist: A New Theory of the Leisure Class*, London: University of California Press.

MacInnes, P. (2018) Game's bubble showing no sign of bursting, *The Guardian*, 26 January.

Macleod, S., Austin, T., Hale, J. and Hing–Kay, O. H. (eds) (2018) *The Future of Museum and Gallery Design: Purposes, Processes, Perception*, London: Routledge.

Maguire Smith, J. (2008) *Fit for Consumption, Sociology and the Business of Fitness*, London: Routledge.

MammaMia! (2019) What the audiences are saying: Mamma Mia! The Party at London's the O₂, www.youtube.com/watch?v=I16sWzjPCgk. Accessed 15 November 2019.

Manzenreiter, W. (2006) Sport spectacles, uniformities and the search for identity in late modern Japan, *The Sociological Review*, 54(2), 114–59.

Manzo, L. (2003) Beyond house and haven: toward a revisioning of the emotional relationships with places, *Journal of Environmental Psychology*, 23(1), 47–61.

Margolis, D. R. (1998) *The Fabric of Self: A Theory of Ethic and Emotions*, London: Yale University Press.

Massumi, B. (2015) *The Power at the End of the Economy*, London: Duke University Press.

McCarthy, J. and Wright, P. P. (2004) *Technology as Experience*, Cambridge,

MA: MIT Press.

McGowan, T. (2016) *Capitalism and Desire: The Psychic Cost of Free Markets*, New York: Columbia University Press.

Marcuse, H. (1986) *Reason and Revolution*, London: Routledge.

Marcuse, H. (2002) *One-Dimensional Man: Studies in the Ideology of Advanced Industrial Society*, London: Routledge.

Marx, K. (1989) *Grundrisse: Foundations Of The Critique Of Political Economy (Revised)*, London: Penguin Books.

McCannell, D. (1989) *The Tourist: A New Theory of the Leisure Class*, New York: Schocken.

McCurry, J. (2018) Japan tourism backlash: new law targets Airbnb as visitor numbers up 250%, *The Guardian*, 16 June.

Melucci, A. (1996) *The Playing Self: Person and Meaning in the Planetary Society*, Cambridge: Cambridge University Press.

Miles, S. (1998) *Consumerism as a Way of Life*, London: Sage.

Miles, S. (2007) Consumption as freedom: intergenerational relationships in a changing China, in J. Powell and I. Cook (eds) *New Perspectives on Ageing in China*, New York: Nova.

Miles, S. (2012) The neoliberal city and the pro–active complicity of the citizen consumer, *Journal of Consumer Culture*, 12, 216–30.

Miles, S. (2016) Flawed theming: Center Parcs as a commodified utopia, in Scott A. Lukas (ed.) *A Reader in Themed and Immersive Spaces*, New York: ETC Press.

Miles, S. (2019) Immersive narratives of 'self–work' in an experience society: understanding the cruise ship experience, *Leisure Studies* 38(4), 523–34.

Miller, D. and Woodward, S. (2012) *Blue Jeans: The Art of the Ordinary*, London: University of California Press.

Miller, T. (2009) Michel Foucault and the critique of sport, in B. Carrington and I. Macdonald (eds) *Marxism, Cultural Studies and Sport*, London: Routledge.

Mitrasinovic, M. (2006) *Total Landscape, Theme Parks, Public Space*, Aldershot: Ashgate.

Moccia, L., Mazza, M., Di Nicola, M. and Janiri, L. (2018) The experience of pleasure: a perspective between neuroscience and psychoanalysis, *Frontiers in Human Neuroscience*, 12, 359.

Molesworth, M. and Denegri–Knott, J. (2012) Conclusions: trajectories of digital virtual consumption, in M. Molesworth and J. Denegri–Knott (eds) *Digital Virtual Consumption*, London: Routledge.

Moore, P. (2018) *The Quantified Self in Precarity: Work, Technology and What Counts*, London: Routledge.

Moran, M. (2015) *Identity and Capitalism*, London: Sage.

Mort, F. (1989) The politics of consumption in S. Hall and M. Jacques (eds) *New Times: The Changing Face of Politics in the 1990s*, London: Lawrence and Wishart.

Moss, M. (2007) *Shopping as an Entertainment Experience*, Plymouth: Lexington Books.

Newell, S. (2012) *The Modernity Bluff: Crime, Consumption and Citizenship in Côte D'Ivoire*, Chicago: Chicago University Press.

Newhouse, V. (1998) *Towards a New Museum*, New York: Monacelli.

Newport, N. (2019) *Digital Minimalism: On Living Better with Less*

Technology, London: Penguin.

Niedzviecki, H. (2006) *How Individuality became the New Conformity*, San Francisco, CA: City Lights.

Ockman, J. (2004) New politics of the spectacle: 'Bilbao' and the global imagination, in D. Medina Lasansky and B. McLaren (eds) *Architecture and Tourism: Perception, Performance and Place*, Oxford: Berg.

Oldenburg, R. (1989) *The Great Good Place*, Cambridge, CA: Capo Press.

O'Neill, J. (1999) Economy, equality and recognition, in L. Ray and A. Sayer (eds) *Culture and Economy after the Cultural Turn*, London: Sage.

O'Sullivan, E. and Spangler, K. (1999) *Experience Marketing: Strategies for the New Millennium*, London: Venture.

Papacharissi, Z. (2011) *A Networked Self: Identity, Community and Culture on Social Network Sites*, London: Routledge.

Pariser, E. (2011) *The Filter Bubble: What the Internet is Hiding from You*, New York: Penguin.

Paterson, M. (2006) *Consumption and Everyday Life*, London: Routledge.

Perelman, M. (2012) *Barbaric Sport: A Global Plague*, London: Verso.

Perkins, S. (1995) *Experience*, London: Booth–Clibborn.

Pettinger, L. (2016) *Work, Consumption and Capitalism*, Buckingham: Palgrave.

Pimlott, M. (2007) *Without and Within: Essays on Territory and the Interior*, New York: Episode.

Pine, B. J. and Gilmore, J. H. (1999) *The Experience Economy: Work is Theater and Every Business a Stage*, Cambridge, MA: Harvard Business Review Press.

271

Ploeg, A. J. (2017) Going global: fantasy sports gameplay paradigms, fan identities and cultural implications in an international context, *European Journal of Cultural Studies*, 20(6), 724–43.

Porat, B. (2012) From community to commodity: the commodification of football in Israel, *Soccer & Society*, 13(3), 443–57.

Poulter, S. (2018) From lager to latte! Huge rise in coffee shops could see them outnumber pubs across Britain by 2030, study finds, *Daily Mail*, 9 April, www.dailymail.co.uk/news/article–5596395/Huge–rise–coffee–shops–outnumberpubs–Britain–2030–study–finds.html. Accessed 15 November 2019.

Purser, R. F. (2019) *McMindfulness: How Mindfulness Became the New Capitalist Spirituality*, London: Repeater Books.

Putnam, R. (2000) *Bowling Alone: The Collapse and Revival of American Community*, London: Schuster.

Quinlan Cutler, S. and Carmichael, B. A. (2010) The dimensions of the tourist experience, in M. Morgan, P. Lugosi and J. R. Brent Richie (eds) *The Tourism and Leisure Experience: Consumer and Management Perspectives*, Bristol: Channel View.

Raisborough, J. (2011) *Lifestyle Media and the Formation of Self*, Basingstoke: Palgrave Macmillan.

Randall, W. L. (2015) *The Narrative Complexity of Ordinary Life*, Oxford: Oxford University Press.

Ransome, P. (1999) *Sociology and the Future of Work*, Aldershot: Ashgate.

Ransome, P. (2005) *Work, Consumption and Culture: Affluence and Social Change in the Twenty-First Century*, London: Sage.

Rattle, R. (2014) Imaging identity in the age of internet and communication technologies, in N. Mathur (ed.) *Consumer Culture, Modernity and Identity*, London: Routledge.

Ray, L. and Sayer, A. (eds) (1999a) *Culture and Economy after the Cultural Turn*, London: Sage.

Ray, L. and Sayer, A. (1999b) Introduction, in L. Ray and A. Sayer (eds) *Culture and Economy after the Cultural Turn*, London: Sage.

Rifkin, J. (2014) *The Zero Marginal Cost Society: The Internet of Things, the Collaborative Commons and the Eclipse of Capitalism*, Basingstoke: Palgrave Macmillan.

Ritzer, G. (1993) *The McDonaldization of Society,* London: Pine Forge.

Ritzer, G. and Jurgenson, N. (2010) Production, consumption, prosumption: the nature of capitalism in the age of the digital 'prosumer', *Journal of Consumer Culture*, 10(1), 13–36.

Robinson, T. P. (2014) *Café Culture in Pune: Being Young and Middle Class in Urban India*, Oxford: Oxford University Press.

Robinson, A. (2011) In theory Bakhtin: carnival against capital, carnival against power, *Ceasefire*, 9 September, https://ceasefiremagazine.co.uk/in-theorybakhtin-2/. Accessed 15 November 2019.

Rockwell, D. with Mau, B. (2006) *Spectacle: An Optimist's Handbook*, London: Phaidon.

Rojek, C. (1994) *Ways of Escape: Modern Transformation in Leisure and Travel*, London: Rowman and Littlefield.

Rojek, C. (2010) *The Labour of Leisure: The Culture of Free Time*, London: Sage.

Rybas, N. (2012) Producing the self at the digital interface, in P. Hope Cheong, J. N. Martin and L. P. Macfadyen (eds) *New Media and Intercultural Communication: Identity, Community and Politics*, Oxford: Peter Lang.

Sack, R. D. (1992) *Place, Modernity, and the Consumer's World: A Relational Framework for Geographical Analysis*, New York: Johns Hopkins University.

Salecl, R. (2011) *The Tyranny of Choice*, Croydon: Profile Books.

Sandercock, L. (1998) Towards cosmopolis: utopia as a construction site, *Architectural Design: Consuming Architecture*, Cambridge: John Wiley & Sons.

Schultz, H. (1997) *Pour Your Heart Into It: How Starbucks Built a Company One Cup at a Time*, New York: Hypeirion.

Schulze, G. (1995) *Die Erlebnisgesellschaft: Kultursoziologie der Gegenwart*, New York: Campus Verlag.

Seabrook, J. (1988) *The Leisure Society*, Oxford: Basil Blackwell.

Selstad, L. (2007) The social anthropology of the tourist experience: exploring the 'middle role', *Scandinavian Journal of Hospitality and Tourism*, 7(1), 19–33.

Sennett, R. (1998) *The Corrosion of Character: The Personal Consequences of Work in the New Capitalism*, London: W. W. Norton.

Sennett, R. (2006) *The Culture of the New Capitalism*, London: Yale University Press.

Serota, S. (2000) *Experience or Interpretation: The Dilemma of Museums of Modern Art*, London: Thames and Hudson.

Seymour, R. (2019) *The Twittering Machine*, London: Indigo Press.

参考文献

Sherry, J. R. (1998) *Servicescapes: The Concept of Place in Contemporary Markets*, New York: McGraw–Hill.

Shields, R. (2003) *The Virtual*, London: Routledge.

Simon, B. (2009) *Everything but the Coffee: Learning about America from Starbucks*, Berkeley: University of California Press.

Slater, D. (1997) *Consumer Culture and Modernity*, Cambridge: Polity.

Smart, B. (2005) *The Sport Star: Modern Sport and the Cultural Economy of Sporting Celebrity*, London: Sage.

Smithers, R. (2017) La la yellow, avocado and pink help to beat the blues in 2017, *The Guardian*, 12 October.

Sorokin, M. (1992) *Variations on a Theme Park: The New American City and the End of Public Space*, New York: Hill and Wang.

Southwood, I. (2011) *Non-Stop Inertia*, Alresford: Zero Books.

Spencer, D. (2016) *The Architecture of Neoliberalism: How Contemporary Architecture Became an Instrument of Control and Compliance*, London: Bloomsbury.

Stebbins, R. A. (2009) *Leisure and Consumption: Common Ground/Separate Worlds*, Basingstoke: Palgrave Macmillan.

Stenner, P. (2017) *Liminality and Experience: A Transdisciplinary Approach to the Psychosocial*, London: Palgrave Macmillan.

Sternberg, E. (1999) *The Economy of Icons: How Business Manufactures Meanings*, London: Praeger.

Stone, M. (2015) Teens love YouTube because it makes them feel good about themselves, a new survey says, *Business Insider*, 3 March, www.business insider.com/teens–love–youtube–because–it–makes–them–feel–good–

aboutthemselves−2015−3?r=US&IR=T). Accessed 15 November, 2019.

Storr, W. (2018) *Selfie: How the West Became Self-obsessed*, London: Picador.

Storrie, C. (2006) *The Delirious Museum: A Journey from the Louvre to Las Vegas*, London: I.B. Tauris.

Subramanian, S. (2017) How to sell a city: the booming business of place branding, *The Guardian*, 7 November.

Sundbo, J. and Sørensen, F. (2013) Introduction to the experience economy, in J. Sundbo and F. Sørensen (eds) *Handbook on the Experience Economy*, Cheltenham: Edward Elgar Publishing.

Sweney, M. (2018) In with the old? While teenagers flee, over−55s flock to join Facebook, *The Guardian*, 12 February.

Swingewood, A. (1977) *The Myth of Mass Culture*, Basingstoke: Macmillan.

Sze Tsung Leong (2011) And then there was shopping, in *Harvard Design School Guide to Shopping: Project on the City 2*, directed by Rem Koolhaas, New York: Taschen.

Tapscott, D. and Williams, A. D. (2006) *Wikinomics: How Mass Collaboration Changes Everything*. New York: Portfolio.

Taylor, T. R. (2018) *Watch Me Play: Twitch and the Rise of Game Live Streaming*, Oxford: Princeton University Press.

Theodoridis, K., Miles, S. and Albertson, K. (2019) Negotiating reality through the presumption of the 'unreal' self: young people's identities in an age of economic precarity, in E. Colombo and P. Rebughini (eds) *Youth and the Politics of the Present: Coping with Complexity and Ambivalence*, London: Routledge.

Thomas, N. (2016) *The Return of Curiosity: What Museums are Good for in the 21st Century*, London: Reaktion Books.

Thompson, C. J. and Arsel, Z. (2004) The Starbucks brandscape and consumers' (anticorporate) experiences of glocalization, *Journal of Consumer Research*, 31(3), 631–42.

Thompson, J. (1990) *Ideology and Modern Culture*, Cambridge: Polity Press.

Thompson, N. (2016) *Culture as Weapon: The Art of Influence in Everyday Life*, London: Melville.

Thrift, N. (2006) Re–inventing invention: new tendencies in capitalist commodification, *Economy and Society*, 35(2), 279–306.

Tietze, S. and Musson, G. (2010) Identity, identity work and the experience of working from home, *Journal of Management Development*, 29(2), 148–56.

Toffler, A. (1981) *The Third Wave*, New York: Bantam Books.

Toffoletti, K. and Thorpe, H. (2017) The athletic labour of femininity: the branding and consumption of global celebrity sportswomen on Instagram, *Journal of Consumer Culture*, 18(2), 298–316.

Tolentino, J. (2019) *Trick Mirror: Reflection on Self-Delusion*, London: Fourth Estate.

Touraine, A. (1974) *The Post-Industrial Society*, London: Wildwood House.

Tuan, Y.-F. (1982) *Segmented Worlds and Self: Group Life and Individual Consciousness*, Minneapolis: University of Minnesota Press.

Tuan, Y.-F. (1998) *Escapism*, Baltimore: John Hopkins University Press.

Turkle, S. (2011) *Alone Technology: Why We Expect More from Technology and Less from Ourselves*, New York: Basic Books.

Tweedle, D. (2013) Making sense of insecurity: a defence of Richard Sennett's sociology of work, *Work, Employment and Society*, 27(1), 94–104.

Urry, J. (1990) *The Tourist Gaze: Leisure and Travel in Contemporary Society*, London: Sage.

Uusitalo, L. (1998) Consumption in postmodernity: social structuration and the construction of self, in M. Bianchi (ed.) *The Active Consumer: Novelty and Surprise in Consumer Choice*, London: Routledge.

Van Bowen, L. and Gilovich, T. (2003) To do or to have? That is the question, *Journal of Personality and Social Psychology*, 85, 1193–202.

Van Dijck, J., Poeel, T. and de Waal, M. (2018) *The Platform Society: Public Values in a Connective World*, Oxford: Oxford University Press.

Venkatraman, M. and Nelson, T. (2008) From servicescape to consumptionscape: a photo–elicitation study of Starbucks in the New China, *Journal of International Business Studies*, 39, 1010–26.

Von Hantelmann, D. (2014) *The Experiential Turn*, https://walkerart.org/collections/publications/performativity/experiential–turn/. Accessed 15 November 2019.

Wallman, J. (2013) *Stuffocation: Living More with Less*, London: Penguin Books.

Warde, A. (2005) Consumption and theories of practice, *Journal of Consumer Culture*, 5(2), 131–53.

Weber, M. (2002) *The Protestant Ethic and the Spirit of Capitalism*, London: Penguin.

Weeks, K. (2011) *The Problem of Work: Feminism, Marxism, Anti-work Politics and Post-work Imaginaries*, London: Duke University Press.

Westerbeek, H. and Smith, A. (2003) *Sport in the Global Market Place*,

Basingstoke: Palgrave.

Whannel, G. (1992) *Fields in Vision: Television Sport and Cultural Transformation*, London: Routledge.

Williams, R. (1990) Base and Superstructure in Marxist Cultural Theory, in R. Williams, *Problems in Materialism and Culture*, London: Verso, 31–49.

Willis, P. (1978) *Learning to Labour: How Working Class Kids Get Working Class Jobs*, Aldershot: Ashgate.

Willis, S. (1991) *A Primer for Daily Life*, London: Routledge.

Wilson, R. (2007) *Theodor Adorno*, London: Routledge.

Wood, Z. (2017) Showbiz turns shopping into theatre of dreams, *The Guardian*, 28 October.

Yodanis, C. (2006) A place in town: doing class in a coffee shop, *Journal of Contemporary Ethnography*, 35(3), 341–66.

York, P. (2014) *Authenticity is a Con*, London: Biteback.

Zajc, M. (2015) Social media, presumption, and dispositives: new mechanisms of the construction of subjectivity, *Journal of Consumer Culture*, 15(1), 28–47.

Žžk, S. (2006) *How to Read Lacan*, New York: Newton.

Žižek, S. (2014) Slavloj Žižek on Coca–Cola, YouTube, 28 May, www.youtube.com/watch?v=zxraW7h4BJU. Accessed 15 November 2019.

Zuboff, S. (2019) *The Age of Surveillance Capitalism: The Fight for a Human Future at the New Frontier of Power*, New York: Public Affairs.

Zukin, S. (1991) *Landscapes of Power: From Detroit to Disney World*, London: University of California Press.